漫娱图书
SINCE BOOKS

古　人　奇　葩　说　书　系

古人奇葩说

Enter

古人教你混职场

杨自强 著

长江出版社 漫娱图书

管理上级靠情商

chapter one

Hold住同事要德商

chapter two

chapter three

提升自我看逆商

管理上级靠情商

管理上级，当然不是对领导发号施令，而是通过得体的方法、恰当的沟通，让领导明确你的能力范畴、擅长方向和提升可能。管理从来就是一个双向的过程，与其埋怨上级不懂你、误解你，对你有偏见，何不转念想想老板也需要你的动力和启发？有效地管理上级，可以使我们的工作更为顺畅，可以使我们的事业更快成功。

管理上级，你需要说话得体、办事得当，你需要洞察人心、练达人情，你需要设身处地、随机应变，这就是情商（Emotional Quotient）。

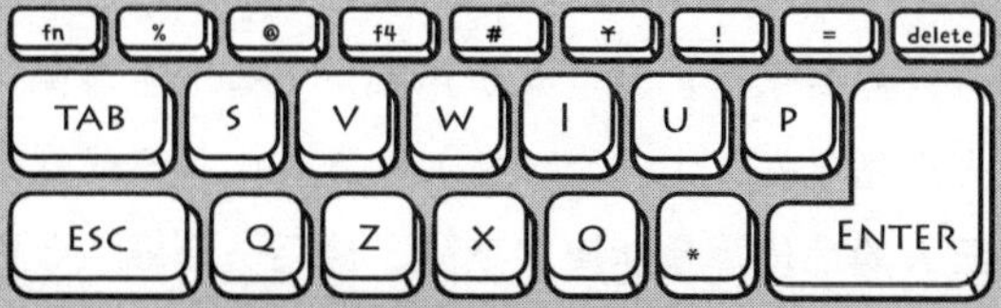

壹

NO. 1

怎样跟对领导走对路?

耿弇“五看”认准“带头大哥”

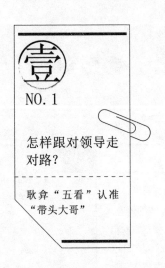

有句话，叫作“男怕入错行，女怕嫁错郎”。其实男人也怕“遇人不淑”——那就是跟错了领导。真可谓“我本将心托明月，奈何明月照沟渠”，那种“早知今日，何必当初”的心情，不说也罢。

《水浒传》都看过吧，里面有三条好汉，分别叫作“摸着天杜迁”“云里金刚宋万”“旱地忽律朱贵”，在梁山属于跑龙套的一类人。但说起来，这三人可是梁山的元老。第一代领导人王伦掌权时，他们是公司的副总，分别是二、三、四把手。后来王伦被杀，第二代领导人晁盖当家时，晁老大重用的是“智取生辰纲”的自家兄弟，三人排到了九、十、十一位。等到梁山第三代领导人宋江当家时，三人的地位那是断崖式下降，最后一百零八条好汉正式排名，三人分别是八十二、八十三、九十二，只比蔡福、蔡庆这样的刽子手好一点。

堂堂的公司创始人、三朝元老，落魄至此，除了自身能力不足，更有跟错了人的问题。在宋公明宋大哥看来，这三人先是王伦的人，再是晁盖的人，左右不是自己的人，自然是要打入冷宫了。

我有个朋友，在一个收入不错而且还很稳定的公司工作，前几天跑来找我，说想换个工作。无他，就是领导让他太痛苦。这个领导，精力充沛，心思活络，一天一个主意，朝令夕改，弄得做下属的无所适从。这倒也算了，他还喜欢给人做“空心汤圆”：这事成了，给你的岗位挪一挪。等忙好这一阵，让你到欧洲去旅游一次。然后呢，就没有然后了。

我说，你估摸一下，这领导要是做不长了呢，你就再熬一熬。要是看样子不挪窝的呢，那干脆还是另找“明主”吧。你现在三十来岁，正是关键时期，耽误个两三年，以后再也追不回来，用个文绉绉的词，这叫“蹉跎岁月”。

所以，人这一生，说起来挺长的，其实关键的时刻也就那么几个。

跟对了领导，就像走上了高速公路，又快又好；跟错了领导，就像走上了羊肠小道，慢不说，说不定还要翻车。人这一生，走得慢不要紧，关键是要走对方向。方向是谁给的，就是领导——领导就是那个“带头大哥”。

西汉末年，有个 21 岁的小伙子，原本也只是一个不大不小的“官二代”，只因在关键时刻找对了自己的“带头大哥”，几年后就做到了大军区的司令员，成为一代名将，开国功臣。

这个小伙子叫耿弇，在东汉的“云台二十八将”中，名列第四。汉光武帝刘秀曾把运筹帷幄的邓禹比作张良，将同期镇守后方的寇恂比作萧何，而将战无不胜的耿弇，比作兵圣韩信，可见对他的倚重之深。

韩信在天下太平后，为刘邦所杀，耿弇却一直是刘秀的心腹，功高而不震主。这里的一个重要原因，就是韩信是从项羽这边投奔过来的，多少有点投机嫌疑，而耿弇却从一开始就跟着刘秀大哥，属于知根知底的兄弟——跟对领导就是这么重要。

耿弇的父亲耿况是河北上谷的太守，镇守一方。当时是王莽当政，各地纷纷起兵反对王莽，天下大乱。势力最大的绿林军推出了他们的皇帝，叫更始帝刘玄。

天下有了两个皇帝，各地的官员必须站队表态，你认哪个做老大？是王莽呢，还是更始帝？耿弇觉得，这王莽虽是在位的皇帝，但气数已尽，决定改换门庭，投靠更始帝。于是，他带了两个副手，代表其父赶去见更始帝。

走到了邯郸地界，碰上了另一个“皇帝”。邯郸卜者王郎，自称是汉成帝的儿子刘子舆，被拥立为天子，建都邯郸，并派遣将帅进军幽、冀州各郡，“一时赵国以北、辽东以西，皆望风响应”，大有取而代之之势。

耿弇的两个副手心动了，对耿弇说，这王郎是汉成帝的后代，根正苗红，以后肯定是他做皇帝，这么个好机会，让我们赶上了，不如去投奔他吧。耿弇却说，这王郎，我看是个夜郎，夜郎自大，成不了大事，投奔他是死路一条。他还对两个副手说：“不识去就，族灭不久。”意思是说，在投奔谁这个大是大非的问题上搞不清楚，那是要连累全家被杀的。三人越说越僵，这两个副手就撇下耿弇，投奔王郎去了。

耿弇一下没了主意。投奔谁，我们现在说说挺轻松，一句话的事。但对当事人来说，其实就是一场赌博，赌的是以后谁会当皇帝。

赌注呢，不但是自己的前途，还有全家人的性命，哪能轻易下决断。

这时，更始帝刘玄派出一位将军，来中原招兵买马。耿弇碰上了这位将军，两人一番长谈。耿弇就像在茫茫黑夜里找到了北斗星，立即认定，眼前这个人，就是值得自己追随一生的人，跟了他，必定有前途。

这个人是谁？就是后来的东汉开国皇帝，汉光武帝刘秀。而当时，刘秀不过是更始帝手下一个普通的将军。他手下呢，也就数千人，可耿弇就认定他以后是要做皇帝的，这就叫眼光。耿弇当即向刘秀表示，愿意马上返回上谷，攻打王郎的邯郸，以作投奔刘秀的见面礼。刘秀对耿弇的积极态度十分欣赏，说："小儿曹乃有大意哉。"看不出你小小年纪，倒有着远大的理想。

刘秀在河北还没站稳脚呢，王郎就打过来了，一下子把刘秀打得七零八落，半夜里带了几百号残兵仓皇南逃，手下的官员自然也是作鸟兽散，连耿弇也不见了。

是耿弇见刘秀兵败就改主意了？当然不是的。耿弇是逃回了上谷，不但说服了他老爸，还让他老爸联络了渔阳郡的彭宠，组织了一支军队，向南边杀来。

这支由吴汉、寇恂、耿弇、景丹、盖延、王梁等后来的东汉名将指挥的精锐之师，人数不多，战斗力却强得惊人，所过之处，击杀王郎大将及以下官吏四百多人，破敌三万多人，先后攻占涿郡、中山、钜鹿、清河、河间等二十二县，与刘秀胜利会师。从此耿弇正式成了刘秀的心腹部下。

刘秀势力迅速壮大，引起了更始帝的不安，他对刘秀来了个明升暗降：封刘秀为萧王，同时派心腹大将来接管刘秀的部队和地盘。刘秀一下彷徨无计，他既不愿任人宰割，又不敢铤而走险，一个人大白天躺在床上冥思苦想。这时，耿弇独闯刘秀的寝帐，在床前为刘秀分析了天下大势，慷慨激昂地表示，坚决奉刘秀为带头大哥，跟着他一起打天下。

这一番入情入理的“榻前对”，促使刘秀下了争夺天下做皇帝的决心。刘秀从床上一跃而起，当即任命耿弇为大将军，前往幽州调集兵马，与更始帝正式开战。此后，刘秀的势力越打越大，耿弇的职位也是水涨船高，到刘秀称帝，就封耿弇为建威大将军，这时候，耿弇才 24 岁。这年纪要放现在，大学本科才刚毕业。

人家凭什么升得那么快，不就是坚决地跟随着光武帝刘秀吗?顺便说一句，耿弇当初那两个一心投奔王郎的副手，后来是什么处境也不知道，连性命在不在也难说。跟对大哥，就是这样的重要。

耿弇的成功，在于他有三个力。一个是眼力，他能在刘秀还是一个普通将军的时候，只是因为在人海中多看了一眼，就看出他的潜力，认定跟着他有肉吃；二是定力，在刘秀连遭打击时，他也不改初衷，坚定地相信自己不会跟错人；三是能力，耿弇是刘秀手下最会打仗的，几乎是战无不胜攻无不克。这三个力里面，最重要的，就是眼力。没有眼力，就根本不会有定力，没有眼力，即使有了能力，也没办法发挥出来，所以，我们要跟耿弇学的，是他找准“带头大哥”的好眼力。

耿弇当年是怎么认定刘秀就是真命天子的？这个历史书上当然不可能记载，一个人是不是会做皇帝，这个我们不知道，而一个人值不值得跟，却是可以看出来的。

看什么，看“长相”。

看一个人的相貌就能知道值不值得跟？对，就是这样的简单。

一看他的“眼睛”，是否看得远。你跟着领导，是想要有发展前途的。要是领导本身就目光短浅，只盯着眼前的一亩三分地，只想为自己谋点小福利，这样的领导注定不会有大出息。他没出息，你出息得了？耿弇为什么愿意跟着刘秀，因为他看出刘秀是个有雄心大志、胸怀天下的人。

为什么耿弇在刘秀让人把持大门的时候，敢于闯入寝帐劝说刘秀称皇（这可是“不成功便成仁”的大事），就是他认定刘秀本人有这样的想法。这样的人，即使做不了皇帝，也肯定能干出一番大事业，跟着他，有奔头。

二看他的“肩膀”，是否够宽。肩膀宽，就能挑重担，敢把重大的难办的事担起来、做成功。跟着这样的领导，可能做得比较苦，但能做出成绩，也能学到本事，晋升的机会也多。

譬如刘秀，就敢于让二十多岁的耿弇统率十多万大军，独当一面，这就叫“有作为才能有地位”。肩膀宽，就是有担当，部下有了功劳，他不来抢；部下有了失误，他来承担。跟着这样的领导，不怕犯错误，可以一门心思做事，容易出成绩。而且这样的领导，往往信守承诺，敢作敢当，跟着这样的领导，无论是职业水平，还是人格魅力都会得到很大提升。

三看他的“手”，是不是软硬兼施。一手是硬，就是工作上高标准、严要求，在这样的领导手下干活，你时刻不敢懈怠，不拿出全身力气就过不了关，几年下来，人家就会发现，你的本事长得特别快；一手是软，就是敢于松手勇于授权。

比如刘秀自知打仗不如耿弇，对耿弇是“将在外，君命有所不受”，不再遥控指挥，而是把前线攻城掠地的事全部交给耿弇。

像这样的领导，既给你下达了任务，同时也给你充分的职权，让你干起事来得心应手，不用担心有人掣肘，不用担心功高震主，更不用担心自己太出色了让领导没面子。这样做工作，就来劲。

四是看他的“肚”，是不是够大。俗话说，宰相肚里好撑船。做领导的，要宽厚大度，允许下属适度的冒犯，听得进不同的意见，用人不搞亲亲疏疏那一套。

跟着这样的领导，做部下的心里就有底：只要我说得对，领导就会听；只要我干得好，就能冒出来。肚量大的领导，也会允许下属犯点小错。工作过程中出现了失误，他会为你剖析问题所在，然后指出正确方向。譬如刘秀，在历史上就是以宽厚待人出名的，这样的领导，跟了放心。

五是看他的“脚”，是不是踏在实地。眼睛只盯着上级领导，只走上层路线，不考虑部下利益、前途的领导，趁早与其分开。有任务信任大家，有好事想着大家，有功劳分给大家，能晋升就带着大家，有难事了兄弟们一起扛，这样的领导跟了才不会后悔。打个比方，要跟个跟兄弟们一起喝酒吃肉的乔峰乔帮主，不能跟一个只想做皇帝女婿从而飞黄腾达的慕容公子慕容复。

如何认准带头大哥？记得这五看，从头看到脚，一遍看下来，是不是值得跟，也就八九不离十了。你可能不会像耿弇这样 24 岁做大将军，但至少一生不会白活。

经典职场论语

俺这一腔热血，只卖与识货的。——《水浒传》

懂领导不是浅层次地满足领导的权力欲望，不是捕捉领导弦外之音的小儿科动作。懂领导是能够深层次地解构领导的成长逻辑，解构领导内心世界的真实需求，从而理解领导的人生观、世界观和价值观。

成就上级从而成就自己绝对是一条重要的原则。当你在为上级偏心而抱怨时，是否该认真反思一下自己有没有遵循这个原则。机会真的不会从天而降的，更多时候要靠自己去争取。

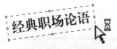

贰

NO. 2

忠诚与能力哪个更重要？

奕詝靠“仁孝”坐上皇位

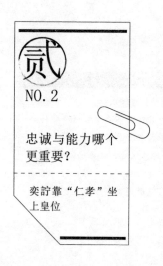

咸丰皇帝，你或许没听说过，但说起他的老婆，你肯定知道，就是鼎鼎大名的慈禧太后。说句得罪女同胞的话，一般说来，老婆很厉害的，老公总是有点平庸，从皇帝到老百姓全是一个样。

这咸丰皇帝，就是一个方方面面都平庸的人，连长相也有点对不住堂堂皇室。尖嘴猴腮、出过天花长了一脸麻子不说，还因为小时候摔过一跤，落了个后遗症，走路稍微有点瘸，形象实在不够高大上啊。

咸丰这皇帝做得也窝囊，大清帝国内忧外患不断，中国历史上最大的农民起义太平天国运动让他赶上了，西方列强入侵中国的三千年未有之变局让他摊上了。被八国联军打得狼狈地逃到了承德避暑山庄，最后年纪轻轻，31 岁就病死了。这当然是大环境的问题，但咸丰本身的能力不行，也是很重要的原因。

不过，这咸丰皇帝奕詝平庸归平庸，运气却是不错。他有两大运气，一是他为道光皇帝的第四个儿子；二是他有一位叫杜受田的好老师。

皇帝的长子，是名正言顺的太子，这叫运气，第四子算什么运气呢？对，因为长子运气不好，死了；二子运气也不好，也死了；三子呢，运气还是不好，又死了。这四子奕詝就是大阿哥了，有资格立太子。看来，这奕詝不但有运气，而且这运气还来得霸气，谁也不能挡他的道。

奕詝的老师杜受田，也是清朝的一代名臣。杜家“一门七进士”“父子五翰林”，货真价实的名门世家。杜受田学问渊博，人品高尚，于道光十六年任上书房总师傅，专门教导四阿哥奕詝读书。为能及时进宫授课，杜受田特意住到离皇宫较近的西安门内静默寺中，三五天才回一次家，可见对奕詝真是呕心沥血。而奕詝呢，平庸是平庸了点，但脑子还是很“拎得清”的，对师傅言听计从。杜受田深知“师以徒贵”的道理，尽心竭力要扶持奕詝登上皇位。

但奕詝迟迟没有被立为太子，因为他还有一个六弟，叫奕訢。这奕訢只比奕詝小一岁，不但相貌堂堂，为人更是精明强干，能言善辩，跟奕詝好像不是一个爹生的。道光就犹豫了，论长幼，自然是立奕詝，讲能力，当然是奕訢。眼下大清朝内忧外患，总想得有能干的皇帝。

眼看着形势对奕詝不利，但最后，他还是成了咸丰，而奕訢最终也只是一个“恭亲王”。奕詝的年号其实不该叫咸丰，应该叫咸鱼，“咸鱼翻身”的咸鱼。

奕詝能被立为太子，原因当然有许多，但最打动道光皇帝，让他下了最后决心的，还是因为两件事。

一次是道光皇帝带着众皇子去南苑围猎。清朝以武力立国，打猎是发扬祖宗传统，争取更大光荣。皇子们个个争先，都要在皇阿玛面前露一小手。只有奕詝懒懒散散，跟在大家后面东看看西望望，一箭也不发。有人问起，他就说，身体有点不舒服，就这么搪塞过去了。围猎结束，六子奕訢猎物最多，自然是志满意得。而奕詝却是两手空空。

道光不免奇怪，就问你这是怎么啦。奕詝脸色一端，他不再说身体不舒服了，而是把老师杜受田早已准备好的那番话说了出来。他说："眼下春暖花开，正是禽兽繁育的时节，我实在不忍心捕杀生灵，伤了上天的好生之德，再说，我也不愿与弟弟们一争输赢。"

这话说得实在是够水平，所谓"藏拙示仁"，不但把自己的短处藏了起来，更把这短处说成了长处，而且捎带着，把捕获猎物最多的奕訢损了那么一下——你老六卖力打那么多猎物，不就是存心要压兄弟们一头吗？道光听了，暗暗点头，如此仁爱慈和、雍容大度，这才是做皇帝的样子。

还有一次，是道光皇帝病重时，分别召见奕詝奕訢，要来个最后的考察。两人也知道这是临门一脚，非同小可。

奕訢就像博士生答辩，揣摩道光会问些什么问题，更把治国安邦的策略细细地理了一遍，胸有成竹。奕詝没主意了，向杜受田请教。杜老师帮学生"审题"："若论治国安邦、勤政爱民之策，你不是六爷的对手，现在只有一个办法，若是皇上说到年老多病，你啥也不用多说，只管伏地痛哭，以表孝心。"

果然，奕訢见了道光，把治国方针说得头头是道，道光十分满意。而奕詝听到道光说自己年老多病，不能处理政务时，立即声泪俱下，泣不成声，啥话也说不出来。道光帝见了，心中十分感动，认为奕詝“仁孝”，靠得住，可受大任。于是下定决心，立奕詝为太子。不久，道光去世，奕詝就顺利地坐上了皇位。

奕䜣的能力，道光当然不是没看到，但他认为，对自己忠诚，是比能力更为重要的素质。一个人的能力可以培养提高，也可以让别人来辅助，但一个人的品行却是很难改的，所谓江山易改、本性难移。他当然要把国家交给他最信任的人。

咸丰靠一颗“仁爱忠诚”之心坐上了皇位，所以他对臣下的忠诚也特别的在意。当时有一个大臣叫金安清，以“才气恢张，议论隽迈”著称，是一个大能人，尤长于理财。金安清曾屡次求见曾国藩，竟然被曾国藩连拒了七次。

曾国藩是正人君子，岂会如此不给人才面子？这是因为曾国藩知道，这人太能说会道了，倘若见了面，“一见必为所动”，难保不被此人牵着鼻子走，还是不见保险。但后来，可能是觉得人才难得吧，曾国藩还是让金安清做了他的幕僚。

有意思的是，曾国藩对这位手下十分恭敬。有人觉得奇怪，便问原因，曾国藩说了一句名言：“此等人如鬼神，敬而远之可也。”这人有才而无德，重用自然不会重用，得罪却也不敢得罪，要被他算计起来可不是一件好玩的事，不如“敬而远之”吧。

后来这金安清想在京城发展，买通不少重臣向咸丰皇帝游说。咸丰也知道这人极为能干，有心要重用他。谨慎起见，他问了一下军机大臣文祥。文祥说，此人确是有才，但“心术不正”。咸丰一听，当下大怒，不但“一票否决”，还下令把金安清遣回原籍，交给当地官员严加管束。这金安清生在咸丰朝，也只怪他自己运气不好。

一个皇帝的心态是这样，其实绝大多数大大小小“老板”的心态，也是这样。在上级的眼里，忠诚往往比能力更为重要。这其实是很自然的事。一个人如果只是能力强，今天可以为我所用，明天可以为我的竞争对手所用，这样的能力又有什么意义呢？说不定能力越强，伤害越深，领导能放心用你吗？

我认识两个棋友，是一个公司的，一个是领导，一个是中层。这中层精明强干，能说会道，工作做得好，人也很“活络”，很得领导的欣赏。领导就经常让他陪着下围棋，也是把他当自己人了。

某日招待客户后，两个人都有点醉意，就又在领导办公室里下开了。棋到中盘，这中层大概真喝得有点多了，竟然下了一着不可思议的“昏招”，眼看好局痛失，正懊恼得不行，恰好领导起身接了个电话。可能事情有点复杂，一打打了十来分钟。

领导打好电话，落座后微微一愣，发现一个棋子移动了一格。领导不动声色，照样把棋下完。但从此之后，慢慢地把这中层疏远了。他说，这人下棋可以欺骗我，工作中也可以欺骗我，能力再强，也不能用。

宋代的大文学家司马光，曾把人分成四种：有能力的小人，有能力的君子、没有能力的君子、没有能力的小人。

世界上的人，大多是“有能力的小人”和“没能力的君子，”而对这两种人，司马光说得很明确，宁可用没能力的君子，也比用有能力的小人强得多。因为有能力又没德行的人，具有更强的破坏力，风险太大。司马光的观点，其实就是中国几千年来的主流观点，简单地说，这叫有德有才，破格重用；有德无才，培养使用；

有才无德，限制录用；无才无德，坚决不用。

大家都知道有句话，叫“人中吕布，马中赤兔”。在《三国演义》里，将军中最能打仗的，是吕布；战马中跑得最快的，是赤兔。有个故事叫“三英战吕布”，关羽、张飞外加一个刘备一起斗吕布，可见吕布武功之高，基本上是当世第一。但吕布见利忘义，寡情负恩，毫无忠诚可言。他有个难听的外号，叫作“三姓家奴”。

何谓“三姓家奴”？吕布本身姓吕，父亲早逝，遂认并州刺史丁原为义父。董卓收买了吕布，令他杀了丁原。吕布就投靠董卓，又拜其为义父。再后来王允巧使“连环计”，使董卓、吕布反目成仇，吕布又杀了董卓。一个生父，两个义父，吕布历经三姓，是以称“三姓家奴”。

此后吕布还先后投靠过军阀袁术、袁绍、张杨、张邈、刘备等，反复无常，唯利是图。而赤兔马，跟了关羽以后忠心耿耿，在关羽死后竟然不再进食，活活地把自己饿死。两相对照，就又有了一句话，叫作“人中吕布，不如马中赤兔”。为什么不如，不是本事不如，而是忠诚不如，没有了忠诚，本事再大，也不稀罕。

如何做到忠诚，或者说得更明确一点，怎么让上级认同你的忠诚?

在我看来，把忠诚落实在行动上，其实就是三个“我”。

第一个我，叫“我明白”，就是在行动上与上级保持一致。上级说我们要往东，你就做好往东的一切工作。这个不是盲从，而是平日就对上级的思想有比较透彻的了解和理解，他的意图，不管有没有说出来，你都可以做到“我明白”。

杜受田让奕詝做的两招为什么能收到奇效，因为他对道光的观念做到了“我明白”，知道道光最为看重什么。而对上级来说，有一个能够准确理解和贯彻他的想法和思路的人，一个能够像他一样思考和行动的人，不重用也不行啊。

第二个我，叫“我可以”，就是在工作中体现出强大的执行力。上级的目标和战略，你能够通过自己的努力，把它变成现实。这就意味着全力以赴、绝不放弃的执着，服从命令、不畏艰难的决心，不折不扣、锲而不舍的坚持，言出必行、雷厉风行的风格。

杜受田给奕詝出了主意，奕詝执行不好，也是白搭，这就叫“三分靠战略，七分靠执行”。也就是说，当老板给你布置任务时，要坚定地说一声：“我可以。”

第三个我，叫“我愿意”，就是把工作的事当作自己的事，心甘情愿、充满热情地去做好。你对自己的身体很上心吧？你对自己的孩子很上心吧？为啥，就是因为身体和孩子是自己的。你要是把工作看作自己的事，那么，工作热情、工作态度、工作效率将是空前的。

有个美国人叫阿基勃特，是洛克菲勒标准石油公司的基层推销员，他无论外出、购物、吃饭、付账，甚至给朋友写信，只要有签名的机会，就在自己的名字后面写上“每桶 4 美元的标准石油”。时间久了，同事们都开玩笑地称他为“每桶 4 美元”。洛克菲勒对阿基勃特的举动大为赞叹，觉得这就是把公司的事当作自己的事，开始着意培养他。五年后，洛克菲勒卸职，他没有将第二任董事长的职位交给自己的儿子，而是交给了阿基勃特。这一举动当时出乎所有人的意料，但其实却是顺理成章的事，洛克菲勒和道光皇帝一样，也是要把接班人，交给对自己最为忠诚的人。

最后送大家一句话，来自《致加西亚的信》，叫作：**一盎司的忠诚等于一磅的智慧。**

经典职场论语

没有任何道路可以通向真诚，真诚本身就是道路。

懂得知恩，内心才会忘记功利浮云；常怀感恩，命中贵人才会越来越多；知道报恩，人生的道路才能越走越宽。

未曾见过一个早起、勤奋、谨慎、诚实的人抱怨命运不好。良好的品格、优良的习惯、坚强的意志，是不会被假设所谓的命运击败的。——本杰明·富兰克林

忠诚是一种态度，只有忠诚的人，才会获得真正的能力。

叁

NO. 3

怎样让自己一鸣惊人？

虞允文说站到前排才有机会

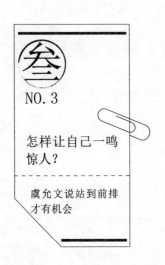

“毛遂自荐”大概是知名度最高的成语之一了。本来，这毛遂不过是平原君三千门客中的一个，三千分之一，有他不多没他不少，连浮出水面的机会也没有，所以三年下来，还是三千分之一。一日，平原君要挑选二十个文武双全的门客，随他到楚国，说服楚国跟赵国一起抗击秦国。可挑来挑去只挑出了十九个。这时，这个毛遂就自告奋勇，要求做这第二十人。平原君一行人到了楚国，楚君犹犹豫豫，说了半天就是不肯答应。关键时刻，毛遂挺身而出，又是陈说利害，又是以死相威胁，终于让楚王承诺出兵，立下了大功。

毛遂毫无疑问是个有本事的人，但他如果不向平原君主动请缨，那么就没有了后面的故事，他很可能还是像三年前一样的默默无闻。

正是他的大胆争取，为自己创造出了机会，才得以做出了名留青史的事业。我们完全可以想象，在平原君的三千门客中，或许还有人像毛遂一样的绝世之才，但他没有像毛遂这样站出来，以后也再没有了类似的机会，最后只能是默默无闻，郁郁而终。

毛遂之所以成为毛遂，只因为他在关键时刻勇敢地站了出来。向上的机会，从来就不是等来的，而是争来的。

认识一个小伙子，方方面面都还挺不错的，就是性格有点内向。一次，公司要从内部选拔一个中层管理人员。他比较来比较去，论资格、论业绩，都觉得应该轮到自己了。事实上，竞争对手也不多，有的还是刚入职两年的新人，看起来把握挺大的。但最后，他还是落选了。

小伙子怎么也想不通，就私下多方打听。这才得知，他本来是重点人选，但在最后讨论时，拍板的上司竟对他的样貌都感到很模糊。原来小伙子这几年来，在公司里几乎没有什么存在感，偶尔碰见上司，不是匆匆走过，就是低头躲开，三四年下来，连话也没说上几句。这人能力如何，上司心中实在没底，只好先放一放再说了。

要说委屈，可能是有那么一点。但站在上司的立场上，这其实也是很自然的。上司对你连印象也没有，他怎么敢来用你呢？斯坦福大学组织行为学教授杰弗瑞·菲佛教授说过："人们喜欢他们记得的东西，在很多情况下，人们记住了你，就等于他们选择了你。"记住了你，就等于选择了你。不记住你，就等于放弃了你。看看，记住就是这样的重要。

像这个小伙子这样的情形，其实并不少见。经常听到有人抱怨，工作了三五年，还是基层小螺丝钉，明明工作很努力，上司眼里怎么总没有我呢？

实事求是地说，一个公司，一个部门，上司只有几个，而部下却有几十个上百个，上司不可能对每个部下都很了解。现在的上司都很忙碌，遇到个别脸盲的上司，确实可能连你是谁都记不住。要让上司的视野里有你，首先就得冒出来，站到前排来，必要时，还得大大方方地亮上一个相。

南宋时的虞允文就是这样。

虞允文开始时的运气并不大好。宋朝的名人，大都是少年得志，但这个虞允文，到了 45 岁才勉强中了进士，在官场上熬了七八年，到 52 岁时，才做了中书舍人这样一个中下级官员。眼看这一辈子就这么平平淡淡地打发过去了，然而，在他等着退休的时候，机会来了。

那是宋绍兴三十一年（公元 1161 年）。南宋自从绍兴十一年与金国议和后，太平的日子过了二十年，大家都在忙着享乐。但金国不乐意了。金国新上任的皇帝完颜亮，发兵 60 万，气势凶猛地杀了过来。一路势如破竹，宋军纷纷逃跑，完颜亮一下子就渡过了淮河。宋高宗慌了手脚，竟然想放弃都城杭州，溜之大吉，在大家的劝阻下才决定发兵抵抗，于是任命老将刘锜镇守扬州，抵御金军。但 63 岁的刘锜年老多病，只能躺在担架上喝粥养病。刘锜就让一个叫王权的将军替他指挥军队。

但这王权畏敌如虎，到了前线，一听敌人打过来了，立即就望风而逃，一直逃到了长江边的采石矶。宋朝就把这王权撤了职，另派一个叫李显忠的将军去接替。这李显忠关键时刻一点也不显忠，一路磨磨蹭蹭，就是不肯上前线。

在采石矶防守的，是王权手下的一万八千残兵败将，群龙无首，惊惶失措，眼看就要溃败了。

这时候，虞允文上场了。不过，他不是来打仗的，他是带了一批银两、酒肉、棉衣来犒劳部队。虞允文到了采石矶，看见士兵三五成群，东游西荡，连盔甲也不穿，刀枪也不拿，而金军却在对岸准备渡江。跟虞允文一起来的随从们，都劝他放下慰问物资，回头马上就走，反正朝廷只是派你来慰问，没叫你来打仗。你只是个给领导写讲话材料的文官，何必把一条命送在这里?

虞允文却觉得，这时候自己应该坚决地站到前排来。一方面是作为一个负责人的担当，另一方面，也觉得是自己建功立业的机会来了。于是他向朝廷报告，愿意留下来统领部队进行抵抗。朝廷本来见采石矶的军队群龙无首，眼看长江的最后一道防线即将崩溃，正急得团团转。现在虞允文主动挑起了这副重担，当然是大喜过望，就让虞允文就地统帅军队，组织抵抗。就这样，虞允文一个级别不高的文官，一下子就成了统领前线的大将军。

或许连虞允文自己也没有意识到，他这样一个长期从事文字工作的官员，却有着军事指挥的天分。他在采石矶前线激励士兵气，调兵遣将，与金军在长江上打了两场硬仗，把不可一世的金兵杀得落花流水，败回北岸。完颜亮也为部下所杀，宋朝因此而转危为安。

采石之战，以少败多，成为中国战争史上与赤壁之战、淝水之战相提并论的经典战役，而虞允文也凭这一战，确立了他军事家的地位。

采石之战后，虞允文的军事、政治才能为人所公认，在朝廷内外获得了极高声誉，此后一路出将入相，最后做到了宰相。要知道，中国古代的官员，一般到五六十岁就退休了。虞允文 52 岁时才从一个级别不高的中书舍人起步，短短五六年就做到了宰相，说起来，全是在采石矶前线的那一次挺身而出。要是那个时候他不敢站出来，恐怕这一生也就是一个普普通通的文官罢了。

莎士比亚有句很朴实的话，叫作“人生如舞台”。人生是一个表现的舞台，那么，人就是跳舞的人。舞跳得不好，让你站到舞台中央，只会出洋相。但明明很有跳舞的才能，没有上舞台的机会，那这一身的本事也还是白白浪费。

不要相信“是金子总会发光的”这样正确的废话，你把金子埋在泥里试试，它还能发光吗？发了光又有谁看得见？谁知道它是块金子？所以在职场上，我们要时刻让自己站在前排，主动一点，发现机会就立即抓住，这样说不定就成了那个一鸣惊人的虞允文。

当然，怎样站到前排，也是有学问的，什么时候站出来，以怎样的姿势站出来，也要考虑成熟。明明根本没准备，脑袋一热，胸脯一拍，那很可能就成了“站着出来，躺着出去”，闹了个大笑话。怎么个站法，我不妨说上三点供你参考。

第一是平常时候看得出来，就是要让领导的视野里有你这个人。论语中有句话，叫作“不患莫己知，求为可知也”，不怕没有人了解自己，而要努力让别人来了解自己。经常听到有人抱怨说，领导用人，只用自己熟悉的人和看得见的人。这话也许是有几分实情。但从领导的角度来说，他能放心地用一个自己从不了解的人吗？空有一身才华却难以得到重用，原因往往就在没有主动展现自己，领导发现不了这块埋没的金子。试问：领导都不知道你，如何重用你？说这话的人需要问自己一个问题，为什么领导看不见你？

许多人出于种种原因，不愿意和自己的上司进行接触和沟通，甚至是工作上的接触与沟通也是能“省”则“省”，这并不是一个非常好的习惯。

平日见了领导低着头，开会时躲在后三排，午餐时领导桌上一坐，就没人敢迎过去说几句。开会时领导说，大家说几句啊，明明心里有想法，却不敢大大方方说几句，这样的话，领导怎么知道你很有能力呢？

所以，平时要找机会表现自己、展示自己，让领导的视野里有你，对你有印象。说不定什么时候，领导脑袋一拍：哟，上次那个小张不错，思路清晰，说话有条有理，可以试试嘛。

有人或许要说了，我倒想走到领导面前，可领导老是出差、开会，见不着哪。其实呢，看到是一种“看到”，听到也是一种“看到”。大领导见不到，可顶头上司总见得到吧？高管见不到，中层总见得到吧？他们对你有了印象，自然会在有意无意中让领导知道有你这个人。其实，能够通过他人，特别是有影响的人把自己“介绍”出去，也是一个不可缺少，甚至是更为重要的途径和方法。

第二是关键时刻要站得出来。虞允文一介书生却立了赫赫战功，正是因为危难时刻，他勇担重任，才会激发自己如此大的潜能。做人不要消极等待机会，要时刻让自己处于起跑的状态。到了关键时刻，挺身而出，让自己站在前排，展现自己的才华。不是有句话吗：不逼自己一把，永远不知道自己有多优秀。反过来说，领导也往往是在被逼到墙角的时候，对勇于站出来的人、敢于担当的人，留下最深刻的印象。当别的将领纷纷逃跑的时候，国家面临生死存亡的时候，虞允文的勇挑重担才特别的难能可贵。平时担心自己不被领导关注的人，这不就是最佳时机吗？

曾任韩国第十四届总统的李明博，出身贫寒。他的人生转折点是在大学毕业进入韩国现代公司的那几年。韩国现代建设承包了泰国高速公路工程，这是公司的第一项海外工程，意义重大。当时只有 20 多岁的李明博，发现了工程中的许多问题，照此下去肯定会严重亏损。

当时李明博只是一个入职才一年的新人，假装看不见也是可以理解的，但李明博勇敢地站了出来，把有关情况做了书面报告——这是破釜沉舟的一举。现代公司的社长收到报告后极为重视，在亲自与李明博交谈后，果断地临阵换将，让李明博全权负责这项工程。李明博一鸣惊人，此后一帆风顺地成为公司的部长、理事、社长，为他成功竞选总统打下了坚实的基础。全球管理学大师、哈佛商学院教授杰弗瑞·菲佛认为，一个人在职业生涯的早期阶段，必须表现得与众不同，让自己引人注目，这样才能脱颖而出，说的也是这个道理。

第三是挑上担子要豁得出去。领导要是真把担子交给了你，那就一定要全力以赴，豁得出去，只能成功不能失败。你不站出来倒也罢了，站出来了，领导信任你了，你却失败了，这比不站出来更加糟糕，很可能从此连站出来的资格也没有了。所以，站出来，既是给自己以机会，也是断了自己的后路，一定要有豁出去的决心，做得漂漂亮亮，说得过分一点，这就叫“不成功，便成仁”！

经典职场论语

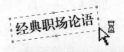

清华北大不如“胆大”。尝试了，成功的机会是一半，但不尝试，成功的机会是零。

我认为克服恐惧最好的办法理应是：面对内心所恐惧的事情，勇往直前地去做，直到成功为止。——富兰克林·罗斯福

任何卓越的胜利总多少是大胆的成果。——维克多·雨果

勇气很有理由被当作人类德性之首，因为这种德性保证了所有其余德性。——温斯顿·丘吉尔

肆

NO. 4

能不能跟领导做哥们？

郭子仪教你如何“亲密有间”

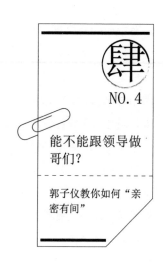

要让两个好朋友翻脸，最简单粗暴的方法是什么？借钱。那最痛心疾首的呢？就是做上下级。别说你们的友谊比山高、比海深，做回上下级试试？这就像是进入了雷区，一不小心，就踩响了一颗，立即炸得尸骨无存。

认识一对哥们，是真正的发小，从幼儿园到高中，都是同班同学，在高中时还效仿电影《古惑仔》，搞个了小结拜，大李是老大，小张是小五。

大李有力气、讲义气，小五人聪明，会说话，两人关系最铁。但大李读书不行，高中毕业就打工，小张则上了个好大学。十几年后，小张回到家乡，做了一家公司的老总，见大李混得不如意，就让他到办公室里做个闲职，也是兄弟的情分。

但这不是这段兄弟情的结局，而是另一个开始。

大李并不懂业务，不会外语，甚至打字也不利索，在公司里没有很明确的职责，无非是有事时跑跑腿打打杂，没事时喝喝茶看看报，也很舒服。但这样是不是太没有存在感了？岂不会被同事们看低了？大李就开始串门聊天了。于是没几天，大家都知道大李与小张是光屁股的朋友，也知道了当年两人在一起的许多趣事，当然也还有许多的“糗事”。

同一部门的同事有了小差错，大李大包大揽，这个，你放一百个心，我跟小张打个招呼，包你没事。或者，这事，我跟小张吱一声，关照一下你们，那也是应该的啊。小张在公司里，走到哪里，所有人都是恭恭敬敬的一声“张总”，大李却时不时会大大咧咧地叫一声“小五”，有时还会拍一下肩膀之类，弄得小张应也不是，不应也不是，一脸的尴尬。

半年下来，大家都知道大李是公司的特殊人物，而看小张的眼神呢，也似乎有点怪怪的了。

终于有一次，小张到国外出差了，暂时负责的副总，抓住了大李的一个小错，不依不饶，上纲上线，逼着他在全员大会上做检讨。大李打电话给小张，却怎么也打不通。这时候，大李再迟钝，也知道是怎么一回事了，愤而辞职。之后碰到同学，大李就大骂小张是如何的不地道。几十年的友谊小船，就这么说翻就翻了。

要说两人有什么错吧，似乎都没大错。小张要不这么做，他那个公司的老总怎么当下去？但大李也没错啊，对老朋友随便点难道不可以吗？朋友之间连调侃几句也不行，那叫什么朋友？这话当然也对，但职场有职场的规则，大李的做法，确实不大聪明。

为什么说大李不聪明，因为他不明白今日的“张总”已不是当年的“小五”，他根本就没有考虑小张身为公司老总的立场和感受。

刘邦是中国历史上第一个由草根平民而成为皇帝的人。他当年从一个亭长起事，先是起兵反秦，然后又与“西楚霸王”项羽展开了长达四年的“楚汉相争”，最后创立汉朝，登上了皇位，成了汉高祖。

刘邦是个大老粗，他手下的大将，大都是当年从沛县起兵就一直跟着他的那帮小兄弟。他们当年做的是种田、杀猪的行当，甚至有的是流氓无赖，现在成了开国功臣，做了大官，还脱不了当年的脾气。举行宴会时，许多人喝得醉醺醺的，争着吹牛夸耀自己的功劳；兴致来了，就拿起剑来比画几下，顺手砍砍堂上的柱子，斩斩身边的桌椅，互相间吵骂也是常有的事。他们对刘邦也多少有点随意，当年谁不知道谁啊？哥们之间装什么？刘邦这个皇帝做得很“没感觉”，但也没有好办法，这些功臣大将都是跟他打天下的兄弟，他可不能像小张对大李那样把他们给“开”了，也拉不下脸来处罚他们。

这时候，有一个叫叔孙通的儒生主动来找刘邦，说他有办法解决这个问题，“臣愿征鲁诸生，与臣弟子共起朝仪”，组织一批人来制订一套朝廷礼仪，这事就好办了。

叔孙通为刘邦制订朝仪，其指导思想就是八个字：“尊敬皇帝、约束臣子。”具体的做法，也是八个字：“简洁易学、仪式感强。”他心里很清楚，刘邦搞这一套的目的，就是把皇帝的权威树立起来，把他与老兄弟们的距离拉开。于是，叔孙通杂采夏商周的礼仪与秦朝礼仪，制订了一套相对简单实用的汉朝仪法。叔孙通带着弟子演习了一个多月，然后请刘邦去观摩。刘邦看着叔孙通他们演习了一遍礼仪，放心地说：“这个我能做到。”于是下令实施这套朝仪制度。

汉高祖七年（公元前 200 年）元旦，在新修好的长乐宫里，各地的诸侯和朝廷里的大臣们，按照叔孙通制定的礼仪制度，正式向皇帝朝贺。

天亮之前，谒者领着诸侯大臣们按照一定的次序进入殿门，院子里排列着保卫宫廷的骑兵、步兵，陈列着各种兵器，插着各种旗帜。到了上朝时间，大臣们按官衔大小，各就各位。从诸侯王以下，大臣们面朝皇帝，俯伏、起立、行礼、就座，所有的人都诚惶诚恐，肃然起敬。群臣行礼过后，又按礼法摆出酒宴。大臣们一个个按着爵位的高低依次起身给刘邦祝酒。御史在旁监督，连喝酒、敬酒都有特定的规矩。

整个朝会从始至终，没有一个人敢喧哗失礼，往日乱哄哄的朝堂变得尊卑有序、井井有条。刘邦心里大为受用，不觉脱口而出："吾乃今日知为皇帝之贵也！"我今天总算找到做皇帝的大好感觉了。而叔孙通也因制订朝仪有功而被提升为太常，赐金五百斤。

当然，做皇帝与做老板，是不可相提并论的，但一个人地位变化了，他必定会要求得到这个地位该有的尊重，这是一样的。正如叔孙通对刘邦说的一句名言"礼者，因时世人情为之节文者也"，礼，就是按照人情世故来制定的规矩。这礼，并不全是玩虚的一套，它既是人性的需要，其实也是工作的需要。而作为下属来说，面对地位有了重大变化的"故人"，也得学会"到什么山头唱什么歌"，这既是做人的分寸，也是职业的素养。一千多年前，唐朝有位大大有名的将军，就做得很圆满。

这位名将，就是郭子仪。

唐朝中期，爆发了"安史之乱"。叛军横冲直撞，打进了京城长安，唐明皇带着杨贵妃狼狈逃到四川，杨贵妃死在了马嵬坡，白居易的《长恨歌》讲的就是这个故事。后来唐玄宗的儿子唐肃宗接位，连京城也回不去，只好可怜巴巴地在偏僻的灵武做了皇帝。眼看着大唐的江山就要这么完蛋了，郭子仪站出来了，他带着唐军，浴血奋战，终于平定了安史之乱。

后来肃宗的儿子代王即位，吐蕃多次入侵，唐军节节败退，最后还是靠郭子仪出马，打退了吐蕃，消除了边患。郭子仪因此被称为“再造大唐”之功臣，意思是说，大唐的江山是靠他重新立起来的。郭子仪被封为大元帅、汾阳王，唐代宗还把女儿升平公主嫁给了郭子仪的小儿子郭暧。所以，论资历，郭子仪比唐代宗起码大上一辈，论功劳，江山是靠他保下来的，论关系呢，两人还是儿女亲家。郭子仪若是对唐代宗随便一点，也是可以理解的。

郭子仪有七个儿子八个女婿，全做了大官。有个典故叫“满床笏”，说的就是他家的事。笏是朝廷大官上朝言事时手里捧的朝笏，回家了就往床上一放。这郭家的床上，就全堆满了朝笏。这天郭子仪八十寿辰，儿子女婿们不论官职大小、路途远近，全都整整齐齐地来拜寿。但升平公主却不愿意来。为啥？因为她是皇帝的女儿，金枝玉叶，觉得向一个臣下拜寿，失了身份。

但这么一来，公主是有面子了，郭暧却在一家人面前大大地丢了面子——你这做男人的，连个老婆都劝不动啊？郭暧大为恼怒，回家就责骂公主。公主从小到大，除了皇帝皇后，谁敢骂她？当下两人大吵起来。郭暧口不择言，说：“皇帝的女儿了不起啊？我老爸还嫌这皇帝没做头呢。”说着还动手打了公主一下。这下，公主就爆发了，立即回到皇宫，向皇帝老爸皇后老妈哭诉。皇帝皇后倒也开通，说，不去拜寿，这原本就是你做媳妇的不对，打了也就打了。再说了，这皇位他郭子仪真要坐，也早就坐了。

这边呢，郭子仪一听说郭暧的事，马上把他捆起来，关进小黑屋，然后连夜赶到皇宫，向唐代宗请罪。唐代宗摆摆手，老郭啊，小孩子们闹着玩，你当什么真？俗话说“不痴不聋，不作阿家阿翁”，做公公婆婆的，就要学会装聋作哑。这事，就当没有过。但郭子仪呢，认认真真地向唐代宗作了深刻严肃的检讨。回到家里，再把郭暧打了几十军棍，以向代宗表态。

郭子仪是老江湖了，他当然知道，以他的功劳，以他和唐代宗的关系，这事儿，打个哈哈也是过得去的。但他在明知道唐代宗不会追究、也不敢追究的情况下，还是把功夫做得十足到家，为什么？就因为他知道，皇帝就是皇帝，臣下就是臣下。对皇帝不恭敬，从公的一面来讲，是损害了皇帝的威望，也在别的大臣面前开了一个不好的先例。从私的一面讲，皇帝心里不舒服了，这次即使不发作，下次有机会，可能就会不客气。所以他这样做，其实并不是多余的。

中国历史上，像郭子仪这样功高的将军不多，而有这样大的功劳，还能像郭子仪这样安度晚年，享尽荣华富贵的，那就更是凤毛麟角了。这就在于郭子仪与皇帝保持了一种“亲密有间”的关系。

皇帝与大臣的关系，当然不能等同于上下级的关系。但现在社会生活丰富多彩，我们在工作中，东拐西弯，事有凑巧，时常会与上级发生种种工作以外的个人关系，比如是同学，比如是邻居，比如是球友，比如是发小，甚至是旧日恋人，一个处理不当，工作影响了不说，朋友也做不成了。因此，郭子仪处理“打金枝”的做法，对于我们如何处理与做领导的朋友的关系，还是有点借鉴意义的，说起来也还是四个字：“亲密有间。”

怎么个亲密而又有间呢，主要有这三点。

一是“瞎子吃馄饨，心里有数”。这意思是说，假如因种种关系，你的朋友、兄弟成了你的领导，你大可不必像前面大李那哥们，在大家面前夸耀你和领导的亲密关系，自己心里知道就行了。一是别人知道了这层关系，或是要请你帮个忙，说句话之类，是帮呢还是不帮，说呢还是不说，都不好；二是，倘使你做出了成绩，表彰了提拔了，人家或许要说你是靠关系上去的，而领导更可能为了避嫌，不表彰你了不提拔你了，于是，原来该给你的好处，也没有了。冤不冤？

二是“见了土豆要叫洋番薯”。这意思是说，在公司里，领导就是上司，下属就是下属，规矩还得要遵守。也许你和上司是同学、是朋友、是发小，但公共场合，他就是张总监、陈总、李主任，你更不能随意抖落他当年的糗事。对，他当年确是土里土气的土豆，但他现在，就是高大上的洋番薯了，而他在公司里，更是必须要保持这高大上的形象。

三是“鸭子游水，底下要使劲”。鸭子游泳时，上面看起来稳稳当当，下面的两只脚却划个不停。也就是说，跟领导的亲密关系，对工作有利，对发展有利，当然不但要保持下去，还要提升上去，那就在一些私人空间，为这种关系添加一点润滑剂，比如一起吃个饭、喝个茶、旅个游之类，以增进友情。这也不是庸俗，因为本来关系就很好嘛，没必要因为做了上下级，就连朋友也做不成了。对不对？

经典职场论语

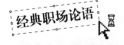

帽子再破也得戴到头上，鞋子再新也只能穿脚上。

在业务的基础上建立的友谊，胜过在友谊的基础上建立的业务。——约翰·洛克菲勒

靠实力，不靠关系。关系不是永远的，实力才是你能依靠一生的倚仗。

伍

NO. 5

处理问题时如何维护上级形象？

徐阶和嘉靖皇帝的小默契

大概没有一个领导是不爱面子的。这话说得有点绝对了，但真心说一句，你见过不爱面子的吗？说句笑话，有不要脸的领导，但没有不要面子的领导——尽管“脸”和“面子”是一个意思。

我有个朋友的孩子，是办公室里写材料的。他给老板起草了一个讲话稿，主任大大地改了一通。老板把他和主任一起叫去，说是一起研究稿子，其实就是现场指导。老板说：“这里，啊，还有这里，应该这样讲这样讲。这两句呢只要前后调换一下，不就理得很顺了？”口气呢还有几分得意。这小伙子脱口而出：“我原来就是这样写的。”一下子，两个领导的脸都有点挂不住了。他后来跟我说：“我可真是笨啊。”我说：“哪儿呀，你真聪明，轻轻一句话，就让两个领导面子都掉到了地上。”

人有笨死的，也有聪明死的。《三国演义》里的那个杨修，就是聪明死的。他处处表现得比曹操还聪明，让大老板曹操没面子，他能不死吗？

明朝嘉靖年间，就有一件事关“领导面子”的大事儿。

严嵩、严世蕃父子，是明朝，也可以说是中国历史上的大奸臣。这父子俩权倾朝野，陷害忠良，贪赃枉法。他们的权势有多大？连太子裕王朱载垕（就是后来的隆庆皇帝），也要向严世蕃送上 1500 两银子，才能拿到本该属于他的“岁赐”。他们受贿的钱有多少？严家府中，专门挖了十几个地窖，这不是放红薯，是放金银珠宝的——你家的红薯也没他家的珠宝多吧。严氏父子被抄家时，贵重物品要登记在册，结果一记就记了六万多字，最后成了一本书，叫作《天水冰山录》。

但出来混总是要还的，严嵩晚年终于在权力斗争中失势，其子严世蕃也以贪污罪，被下到狱中，等候判决。

扳倒这严氏父子的，是徐阶，他是当朝大学士、内阁首辅，相当于宰相吧。这徐阶的为人，历史上评价很不一致，但有一点大家都承认，就是“深沉又机智”。顾名思义，说这人智谋过人，但这智谋又藏得很深，一般人根本不会想到去防范他。

举个例子吧，徐阶与严嵩是政敌，但在严嵩深得嘉靖帝信任时，他知道不能以卵击石，就处处顺着严嵩，还把孙女嫁给了严嵩的孙子，两人结成了亲家。严嵩的儿子严世蕃为人霸道，多次对徐阶无礼，徐阶照样安之若素，一副逆来顺受的样子。而同时，徐阶又用心揣摩嘉靖的脾气，慢慢地取得了嘉靖的信任。在严氏父子的不知不觉中，升到了内阁大学士，有了与严氏父子“扳手腕”的实力。

这份苦心孤诣，真不是一般人能做到的。

后来嘉靖所住的永寿宫发生大火，嘉靖有意想新造一个宫殿，但这样大兴土木的事又不好意思自己说，就问严嵩的意思。严嵩此时骄横惯了，已不大把皇帝当回事，竟然说没这个必要。徐阶却看透了嘉靖的心思，积极建议造新宫殿，还别出心裁地说，可以用永寿宫被毁后剩下的材料。

这一来，既营造了新宫，又堵了谏官们指责嘉靖铺张浪费的嘴。嘉靖一听大喜，徐阶因此加封为少师，而严嵩渐渐被皇帝冷落。最后徐阶瞅准机会，痛下杀手，一举把严氏父子赶下了台。

再说这严世蕃，是朝廷的大官，犯了罪，必须要由“三司会审”。三司，就是明朝的刑部、都察院和大理寺，相当于现在的公安部、检察院和最高法院。

这公检法三司的长官，平日受够了严世蕃的气，这回落在自己手里，当然毫不客气，尽力搜罗严世蕃的罪证。而这严世蕃呢，关在牢里，也是提心吊胆。

他对来看望他的朋友说：“任他燎原火，我有翻江水。想我严某什么大风大浪没经历过，这回也定是逢凶化吉。唯一的担心是沈炼和杨继盛的旧案，如果被翻出来，那我就死定了。”这沈炼，就是电影《绣春刀》里的锦衣卫沈炼的原型。不过当时的大奸臣是严氏父子，而不是电影中的魏忠贤。沈炼和杨继盛上奏弹劾严氏父子，结果被迫害下狱，惨遭杀害。

严世蕃这话传到了三司长官的耳中，他们一听大喜，这姓严的命里该绝，自己送了这么个罪名上来。于是三位“长官”拟好了一份谳词，也就是判决书，拿了来请徐阶审阅。徐阶看了，呵呵一笑，对三人说：“你们这是要救严公子呢，还是要杀严公子？”

三人大吃一惊："徐大人您这话说的，叫人听不懂哪。"

徐阶说："按照这判决书，严公子明天就可以出门了，你们三位说不定倒关了进去。"

这三位听徐阶说得这么严重，一下子都愣住了："那徐大人您倒说说，这审判书怎么个写法呢？"

徐阶又是呵呵一笑，从袖子里拿出一张纸："知道你们会这么写，我呢，早就替你们写好了。"

徐阶的这份判决书，写明了严世蕃的四大罪状：一、严世蕃在老家南昌占据了一块有王气的土地，盖了一座府邸，比王府还气派；二、严世蕃与一名亲戚在京城聚集亡命之徒，训练私人武装，图谋不轨；三、严世蕃勾结倭寇，纠集了死士五百人，企图外逃日本；四、严世蕃有个叫牛信的部下，本在山海关把守边关，最近忽然逃往北方，企图勾结外敌。

那三位部长看了面面相觑，不明所以。这几条罪状，虽都是死罪，却经不起细细推敲。比如如果要亡命东洋，就没必要在家乡大兴土木；倘要勾结外敌，自然是里应外合，为何要只身逃出山海关？把这些道听途说之词写到判决书里，真是对不起自己三司长官的职业精神。但徐阶说天机不可泄露，你们照写就是。

据说，严世蕃在狱中一开始探听到三司的谳词内容，哈哈一笑说，看来是有救了。后来再看到徐阶拟定的文本，顿时瘫倒在地，惊叫道："这下死定了。"果然，嘉靖皇帝看了奏章，龙颜大怒，他平生最痛恨的，就是"犯上"与"通倭"。嘉靖立即下诏，以"里通外国，企图谋反"的罪名，判处严世蕃死刑，也不容严世蕃申辩，更没有什么取证、对质，快刀斩乱麻，把严世蕃给杀了。严世蕃父亲严嵩的官职也被一抹到底，两年后严嵩凄凉死去。

徐阶为什么能顺利地杀了严世蕃，不是他拟的罪名有多么高明，高明在于他没有就事论事，而是看到了严世蕃背后有一张脸，那就是嘉靖皇帝的面子。

嘉靖想不想杀严世蕃？当然想杀，但前提是不能影响自己的威信，不能伤及自己的面子。要知道，嘉靖这个人，是出名的“right先生”，不是说他是真命天子，而是说他总是对的。

《明史·奸臣传》说:“(嘉靖)帝英察自信，果刑戮，颇护己短。(严)嵩以故得因事激帝怒，戕害人以成其私。”也就是说，嘉靖这个人，就是死要面子，最恼火别人说他错了。所以，严嵩要想害人，只要抓住嘉靖“护短”的心理，挑拨是非，煽风点火，激怒嘉靖，就能借嘉靖之手把人给杀了。

譬如杨继盛上奏弹劾严嵩，奏章中所列严嵩罪状，证据确凿，严嵩根本没法抵赖。但老奸巨猾的严嵩，抓住奏章中“或问二王(裕王、景王)，令其面陈(严)嵩恶”这句话，对嘉靖说，这人跟太子结交，攀上高枝了，眼里哪还有你皇上？嘉靖一听勃然大怒，根本不管奏章中说了什么，不由分说就降旨将杨继盛逮捕入狱。

这回严世蕃之所以要把审判引到沈炼、杨继盛案上，就是想抓住嘉靖“死要面子”的性格煽风点火，把水搅浑，来个浑水摸鱼。徐阶的高明之处，是他把嘉靖皇帝的心思揣摩透了：既要杀了严世蕃，又不能没面子。

严家父子当年那么不可一世，就在于有嘉靖皇帝做靠山。他们能够制造许多的冤假错案，要么是嘉靖明确同意的，要么是嘉靖默许的，比如沈炼、杨继盛的案子，就是嘉靖下旨的。如果把这些冤案作为严世蕃的罪名，他要是说，我这可是请示过皇帝的，是皇帝点头的，那你怎么办？能把皇帝也作为奸党吗？能把皇帝拿来审讯下监狱吗？这可是大逆不道的事。唯一的办法，就是到此为止，不了了之，把严世蕃放了。

这其实还算好的，要是皇帝脾气上来，嗯，你们这是啥意思？是想查朕吗？是想造反吗？来人，先把这三个不长眼的东西关起来。而现在，徐阶给严世蕃定的罪名，每一条都是阴谋造反，犯上作乱，跟皇上过不去。这样的事他当然要背着皇上干了，这就把嘉靖干净利落地“切割”出来了。皇帝也就顺水推舟，把严世蕃杀了，朝野上下全都高呼“皇上圣明”。所以，徐阶的第二个高明之处，就是在不动声色间把嘉靖和严世蕃切割了开来。

但徐阶在这样处理的时候，对三司长官的疑问，他的做法是“不解释”，好像这些罪名都是理所当然的。他也没有跟嘉靖去表功，说我这是为了您皇上的面子。他事实上与嘉靖达成了一种默契。设想一下，假如满朝大臣都知道徐阶故意切割嘉靖与严世蕃，或者徐阶在嘉靖面前卖个好，你让嘉靖这做皇帝的情何以堪？《朱子格言》里有句话："善欲人见不是真善，恶恐人知便是大恶。"这是在说做好事，其实给面子也是一样，你给面子给得人人皆知，这就不是给面子，这是示功卖好，是自我标榜，只会让对方更难受，这面子也就白给了。所以这是徐阶的第三个高明之处，给面子给得很到位。

徐阶在严世蕃一案的处理中，正是由于他领会了上级的意图，执行了上级的意图，嘉靖的面子给得风风光光，从而顺顺当当地解决了问题。

我们一定要有这样的理念，给上级面子，就是给自己面子。因为上级所掌握的资源和影响力，对每一个下级的发展，起到了决定性作用。积极帮助上级解决棘手的难题，并且在解决问题的同时树立起领导的威信和形象，上级就会放心地把更多机会提供给你，而这，正是一个人得到快速发展的前提。这就叫“有面子才有里子”。

所以，做事情，尤其是在处理一些棘手的敏感的问题时，领导的面子，是必须要考虑的。这不仅是给不给老板面子的事，更是为了把事情办顺当。比如我那个朋友的孩子，老板说怎么改，你点头称是就行了，老板跟你想的一样，就证明你的工作能力没有问题，既然不影响最后结果，何必一定要说穿呢？老板心里舒坦了，主任心里踏实了，觉得这小伙子还真懂事，事情呢，不也办顺溜了？

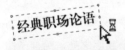

经典职场论语

做对的事情比把事情做对重要。

世上最长的路，就是高手的“套路”。

职场中最难的那部分是什么？除了完成业绩，你还需要面对一些你讨厌的人，说一些违心的话，做一堆徒劳无功的事。事情不会变得容易，但是会让你自己更擅长处理这些事。所有不能打败我们的，只会让我们变得更强大。

人的注意力是有限的，既然做不到面面俱到，就要保证不忽略重点。即使全世界的人都说你好，直接主管认为你有问题，你多半就是有问题了。一言以蔽之，就是你要“保证重点”。——《杜拉拉升职记》

陆

NO. 6

怎样让上级开心接受你的意见？

触龙的“乾坤大挪移”说服大法

职场上有句话，叫作：“领导总是对的。”

这话，当然是不对的。你看看电影里小说里，总是有老板大声地带着浓重的口音说：“我也是个普通人嘛。”然后就是一阵爽朗的大笑，旁边的吃瓜群众呢，就陪着一起笑。可见，“老板也是个普通人”，是大家都认可的事。普通人，怎么可能总是对的呢？

事实上，老板也会犯错误——这简直就是一句废话，谁不会犯错误呢？但问题在于，你要让老板认识到自己是错的，远比想象中困难。撇开死要面子、不肯认错这些主观的因素，最根本的是，他真的不认为自己是错的。这正是症结之所在。

一件事是对是错，首先，要看你是从什么角度去看的，其次是要看你是拿什么标准去衡量的，而往往，角度和标准都是掌握在老板手里的——这个就叫“解释权归本公司所有”。打个比方，老板给你介绍女朋友，说起来那全是优点。妖艳的，那叫美女；

刁钻的，那叫才女；木讷的，那叫淑女。蔫的叫温柔，傻的叫阳光，狠的叫冷艳，土的叫传统，洋的叫潇洒，弱不禁风？那叫有女人味，不像个女人？嗐，那是“超女”…… 你听听，老板是不是永远都是对的？

这个当然是说笑话，但其实，这样的笑话经常在上演，有时还显得特别的一本正经。我说个故事你就明白。

春秋时有个小国叫卫国，卫国的国君叫卫灵公。“灵”这个词，现在是个好词，灵巧、灵感、灵活、灵验、灵丹妙药，全是好的，但古时候用在皇帝身上，那就是说他是个无道昏君。按照《谥法》，所谓“乱而不损曰灵”，就是说这国君胡作非为，把国家搞得一团糟，但总算还没有亡国，这就叫“灵”。历史上的晋灵公、陈灵公、汉灵帝，还有这个卫灵公，都是如此。

卫国有个大夫叫弥子瑕。此人姓弥，名瑕，史称弥子瑕。卫灵公对他是“爱而任之”，实实在在的身边第一号大红人。

有一回，弥子瑕的母亲病危，他一听到消息，就连夜驾上卫灵公的车子上路了。按照卫国的法律，私驾国君的车子，那得处以“刖”刑，就是把脚砍掉。但卫灵公称赞说：“弥子瑕可真是孝顺啊，他为了母亲，竟然不怕自己会被砍脚。”

还有一次，弥子瑕陪着卫灵公到果园游玩，摘下桃子，咬了一口，然后随手递给了卫灵公。卫灵公很高兴，说：“弥子瑕一有好吃的，马上就想到我。”

后来，这弥子瑕不知怎么得罪了卫灵公，彻底失宠了。卫灵公就对人说，这弥子瑕真是太可恶了，胆大包天竟然开我的车，他以为他是谁呀？还把吃剩的桃子给我吃，上面还有口水，啧啧，真是太恶心了。

同样的一个人，同样的一件事，卫灵公这么说是有道理的，那么说也是有道理的，卫灵公的个人好恶就是评价的标准，你叫弥子瑕怎么去跟卫灵公理论？

这卫灵公就是典型的以自我为中心的领导，好坏全由他来说。当然啦，卫灵公这样的奇葩领导，一般人难得碰到。

领导判断是非，是从他的角度，有他自己的一套标准，而这往往是很难改变的。比如说吧，发生了某个突发事件，领导反应迅速，做出了一个决定，而这个决定，显然是有问题的，至少不是最优的。你呢，手头恰好有一个预案，虽然也有一定的风险的，但总体上要比领导的好得多。但要让领导放弃自己的方案，来接受你的方案，并不是一件很容易的事。你必须先得把自己的立场转移到领导的立场上，站在他的角度来讲道理，他才可能听得进。

这个方法，套用《倚天屠龙记》里的一门武功，就叫作“乾坤大挪移”说服大法。

这门功夫听起来很高深，其实历史上那些著名的说客，都会玩这一手。《战国策·赵策》中有名的“触龙说赵太后”，就是一个典型的案例。

公元前265年，赵国的惠文王去世，他的儿子赵孝成王继位，由于年纪太小，就由他母亲赵太后主持朝政。虎视眈眈的秦国趁赵国新老交替时期，发兵攻赵，一举占领赵国三座城池。赵国自然不是秦国的对手，形势危急之下，只好向齐国求救。

齐国明白唇亡齿寒的道理，愿意出兵，但也怕赵国过河拆桥，一旦危险解除就不再承你这个情。于是，齐国提出了条件，要赵太后的小儿子长安君到齐国作为“质子”，实际上就是人质。赵太后对这个小儿子最为宠爱，说什么也不愿意。眼看赵国危在旦夕，满朝的大臣那个急啊，纷纷来劝说赵太后让长安君为质。但赵太后爱子心切，就是任性到底，她强硬地说："谁再说让长安君作人质，我就狠狠地啐他一口！"

顾全大局，舍小家为大家，这是满朝文武的道理；我的儿子我最爱，我要为我的孩子着想，这是赵太后的道理。两个都对，但赵太后是一国之主，所以只能是她说了算。要说服赵太后，就要用上"乾坤大挪移"这门上乘武功——站在她的立场来讲道理。

这时候，怀揣"乾坤大挪移"的说客出现了，他的一番说辞直到今天都被后世膜拜，《古文观止》把它作为范文，这篇名文就叫《触龙说赵太后》。

《资治通鉴》也记载了触龙说赵太后这事，触龙是赵国的左师。左师这官职的具体职能，现在已不清楚了，元代的历史学家胡三省注："冗散之官以优老臣者也。"

触龙混迹赵国官场几十年，对人情世故精通得很，跟赵太后也很熟。这回老将出马，果然不同凡响，他说服赵太后，就用了三招"乾坤大挪移"。

触龙见了赵太后，没有直奔主题，将重要性、必要性、紧迫性说一大堆，而是叙起了旧。他先是说自己腿脚不大灵便，再说自己饭量减少。赵太后一听，这老头倒也识趣，不来给我讲大道理，是唠嗑来了，心情放松了下来，顺着话头说，那是啊，我也只能吃点粥。触龙接着说："我坚持散步，每天勉强走上三四里，这样饭量倒是增了一点。"一个是垂帘听政的太后，一个是德高望重的大臣，说的话跟现在的老头老太也没什么不同。这几句话下来，一下子就显得"体己"了好多，双方有了"共同语言"，下面的话就好说多了。这是第一重"乾坤大挪移"。

老人聊天，不是说身体，就是说儿女，这点从古到今没什么变化。触龙自然而然地跟赵太后说到儿女。他说："我有个小儿子，叫舒祺，今年才15岁，想跟您求个情，让他到宫中来做个卫士，这样我就放心了。"赵太后一听，不由得大为惊奇，笑着说："原来你们男人也知道爱孩子呵？"言下之意，那些劝她让长安君为质的大臣，全不知爱子之道。

触龙说："那当然了，其实吧，男人比女人更爱孩子。"触龙这番话，当然不是废话，他是以此来与赵太后形成一个"共同心理"：男人女人都是爱孩子的。兜了一个大圈子，终于一步步地接近了中心，可谓是用心良苦。这是第二重"乾坤大挪移"。

那么，爱儿女，该怎么个爱法呢？触龙对赵太后来个"启发式教育"。

他说："我觉得吧，比起长安君来，太后您似乎更爱女儿燕后。"赵太后说："这你就错了。我最爱的，那就是长安君啊。"触龙揣着明白装糊涂，说："不会吧。当年燕后出嫁的时候，你哭着喊着不让她远嫁燕国。燕后走了，你还不住地念叨她。只是虽然想念，您嘴里念的却是'她可千万别回来啊'。其实您这样说，就是为她的长远考虑，希望燕后的子孙能世世代代做燕王吧。"

赵太后不由得说："对啊，还真是这么一回事。"触龙说这个故事，是建立起了自己与赵太后的"共同诉求"：爱儿女，就要为他们的未来着想。这是第三重"乾坤大挪移"。

这三招"乾坤大挪移"使出，触龙与赵太后就成了从立场到认识都高度一致的"自己人"了，接下来讲道理，赵太后当然就听得进了。

触龙说，近看赵国，远观诸侯，当年封为王侯的，几代之后，他们的子孙，还有继续做王侯的吗？没有了。为什么？不是子孙们全都无能，而是“位尊而无功，奉厚而无劳，而挟重器多也”，地位很高却没有建立功勋，俸禄很厚却没做什么事，偏偏又掌握着重大的权力，这就像一个小孩子捧着个金元宝，谁都要去抢了。说到这里，触龙话锋一转，说到了长安君的事。触龙说，你看看长安君吧，“尊长安君之位，而封之以膏腴之地”，你把他的地位提得很尊贵，领地封得很优渥，然而，“不及今令有功于国”，但到现在却没有为国家立什么功劳、做什么贡献。如此这般，一旦你有什么不测，长安君靠什么来立足？我看你啊，一点也没有为他着想啊。话说到此，可谓一语惊醒梦中人，赵太后立即说：“诺。恣君之所使之。”行，那就听你的了。她马上安排车马，把长安君送到了齐国。

《触龙说赵太后》这个故事，一直是作为游说的成功典范。能把赵国的一把手说服，触龙说服人的本领确实大。但这只是你的想法，人家赵太后可不这么想，她根本就不会意识到触龙在“说服”她，只不过是在聊天之中，理清了自己的想法，让长安君去做人质，这是我为了锻炼他培养他，树立他的威望嘛，那些劝我的大臣们哪想得到这一点？好，这是说服领导的第一要点：不要直接反对领导。你不能一开始就抛出一个针锋相对的观点，更不能使用指责的口气，把自己置于领导的对立面，下面的话就很难说下去了。

要知道说服的目的是解决问题，而不是谁对谁错，所以千万不要逼着领导承认自己的错误。最糟糕的事情是，你赢得了争论，却根本就没有解决什么问题。

触龙说服赵太后的过程，其实也只是两个老人聊家常而已，但在不知不觉中让赵太后接受了他的观点。这就是说服领导的第二点：营造宽松平和的气氛。

心理学表明，心情环境不一样，对于否定意见的接受程度也大不一样。在说服的时候，一定要心平气和。我不是来指出你的错误的，我也不是来争论的，更不是来表达我的不满的，我只是来聊聊天，说说心里话。谈话氛围放轻松了，才能更好地达成目标。

再说这个故事。赵太后最纠结的问题，其实是太爱自己的孩子，怕他冒险。触龙能说服赵太后，是因为触龙站在了与赵太后同样的立场，这就是：为长安君着想。他们讨论的，只是一个方式问题：留在身边与远送他国，哪个对长安君更有利？这是说服领导的第三点：站在对方的立场上。

你要说服你的领导，就一定要了解他的“痛点”在哪里？摸准了脉搏，才能对症下药。一旦领导觉得你和他的想法是一致的，只不过在具体实施方法上，你的方案更好一点，那为什么不听呢？如果这一方案不是由你直接说出来，而是引导他自然而然地想到，这事儿是不是就漂亮地解决了？

经典职场论语

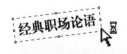

站在上司的立场想问题，站在自己的立场做事情。

一个能从别人的观念来看事情，能了解别人心理活动的人，永远是争辩的赢家。

如果你老是抬杠、反驳，也许偶尔能获胜，但那只是空洞的胜利，因为你永远得不到对方的好感。——本杰明·富兰克林

柒

NO. 7

如何消除领导的误会？

王翦“三不政策”尽释前嫌

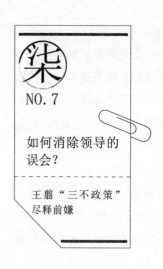

不知道你有没有发现，得罪人的事，往往是在无意中做下的。有时候无意识说的某句话，做的某件事，一不小心就把人给得罪了，人家在心里默默地记下了，你却还自我感觉良好。倘若对方是个领导呢，那就更麻烦了，很有可能就影响到你的职场晋升了！

我有个远房亲戚的孩子，用现在的话来说，凤凰男出身，既聪明又谨慎，也积极要求进步。大学毕业后，七拐八弯地跟一位公司领导套上了近乎，进了这个公司。小山沟里出来的年轻人，能到这样有头有脸的公司工作，那真是祖坟上冒青烟了。这张总就很自然地把他当作了自己人，他呢，自然是感恩戴德，鞍前马后地跑得顶欢。过了一年，领导岗位调整，另一位李总成了他的顶头上司。恰好呢，这两个领导是面和心不和的那种。这小伙子自然不知，对李总也是鞍前马后，细心周到。年轻人要进步嘛，可以理解。

以上是背景。这里划上一道华丽的分割线。

一日下班，突然下起了小雨。小伙子走出门口，见李总正冒着雨往外走呢。机会啊，小伙子立即碎步上前，刷的一下，给李总打起了雨伞，弯着腰，赔着笑，把他送上了车，然后高高兴兴地走了。

但世界上的事情就是这么的巧，此时张总其实就在不远处，也冒着雨呢。也难怪这小伙子，立功心切，根本就没有眼观四路耳听八方。但张总却不这么认为：嗯，这小子攀上高枝了，眼里没有我了，明明我在边上，硬是装作看不见，白眼狼啊，忘恩负义哪。

小伙子在莫名其妙吃了几次苦头后，才慢慢打听出，是张总对他心里有气。这当然是个误会，但你怎么去跟张总解释呢？说了他会相信吗？李总要是听到了，又会做何感想呢？难啊。这样的事，相信许多人都碰到过，对方可能是领导、可能是同事，可能是朋友，心里那个郁闷，那也别说了。

世上什么法最让人受不了？是领导的“看法”。

领导对你有看法了，你就得要想办法了。

这小伙子的事呢，后来得到了圆满的解决。怎么解决，这里暂且不提，我们花开两朵各表一枝，先来说个古人的故事。

秦始皇二十二年（公元前225年），他把目标瞄准了强大的楚国。秦始皇先问老将王翦：“你如果去灭楚国，得带多少军队？”王翦想了想，说：“六十万。”秦王呆了一下，这么多啊。就问：“不能再少了吗？”王翦说：“不能少，必须得六十万。”

《千字文》中有句话“起翦颇牧，用军最精”，说的是战国时最为著名的四大将领：白起、王翦、廉颇、李牧。这王翦出身于平民，在军中从无名小卒做起，一步步做到大将，这在当时是较为少见的。可能也正是这个原因，王翦打仗，以“稳”字著称。他作战之前一定要作详细的谋划，决不打无把握的仗。他的战略战术，也是以步步为营、以静制动、后发制人为特点。

王翦打了几十仗，灭了三四个敌国，但让人拍案惊奇的精彩战役基本上没有，总是谋定而后动，扎扎实实地推进，每一仗都胜得让人心服口服。这种有谋略、求稳妥的风格，其实也是他为人处世的性格作风。

作为秦国地位最高、功劳最大、资格最老的将军，王翦一口咬定灭楚必定要出动六十万大军。秦王嘴上不说，心里不免犯嘀咕。全国军队总共不过百万，他王翦带了一大半去，天下岂不是就他手里兵最多。这六十万大军带到楚地，鞭长莫及，尾大不掉，我秦王说话还算不算数？这王翦，莫不是仗着会打仗，想要过把皇帝瘾？秦王这就对王翦有了看法了。所以说，老资格碰上年轻领导，一定要记得摆正位置。摆资格，也得要看看地方。

秦王不再理会王翦，转而问其他将领，你们看呢？一个叫李信的年轻将军站出来了：“我去，只要二十万军队，就能把楚国给灭了。”秦王大喜，好，看你的了。心下想，等李信灭了楚国，看你王翦的老脸往哪搁？

王翦一看秦王误会自己了，也不多说，就申请退休回老家。秦王顺水推舟，批准了。

李信年轻气盛，与另一名将蒙恬一起，率领二十万秦军，接连打了好几个胜仗。没想到这是楚军故意示弱，名将项燕（就是楚霸王项羽的爷爷）且战且退，保留精锐部队尾随秦军。趁着李信松懈，楚军发动突袭，攻破秦军的两个营地，斩杀了七个都尉，李信率残部狼狈奔回秦国。这是秦国前所未有的大败仗。秦王没办法，只得亲自赶到王翦的老家频阳，再请王翦出马。

打仗——姜是老的辣啊。王翦先是推辞，秦王一再固请。最后王翦答应复出，但有一个条件，那就是非六十万军队不行。秦王左掂量右掂量，一咬牙一跺脚，好，六十万就六十万。

王翦领着六十万大军浩浩荡荡地出发了。秦王心里呢，七上八下的，老王老王，背后一枪，得防一手啊。这时，王翦的使者来求见，不为别的，专求封赏。

这仗还没开打呢，王翦就来向秦王要钱要物了。秦王一听，原来这老王将军是个财迷啊，这下就放心了。能用钱来解决的事，就不是大事。好，内环的别墅、近郊的良田，金银珠宝、钻石玛瑙，赏了。然而没几天，王翦的使者又来了，又是来讨赏。秦王哈哈大笑，我给老王的钱财，几辈子也花不光，这老王是看了《人民的名义》，要堆一堵“钱墙”吗？

使者早就知道秦王会有此一问，把王翦交代他的话搬了出来：“王将军说了，他不是皇室宗亲，封不了王，最多是封侯。现在侯也封了，官也做到头了，就只想发财，为子孙后代谋点福利了。”秦王开心大笑，一脸的看不起，这老王，什么都好，就是财迷啊。

就这样，几次讨赏讨下来，秦王对王翦的误会，就在哈哈大笑中烟消云散。两人好像都没有过这回事似的，真可谓是春梦了无痕。而楚国呢，也在一年后被王翦灭掉了。

面对秦王的误会，王翦的做法很有意思，说起来就是三个“不”字。

一是不说。秦王怀疑你有谋反之心，你向秦王说，我王翦忠心耿耿、忠君报国、忠贯日月、忠贞不二、忠孝两全 ，是个不折不扣的忠臣良将，秦王会信吗？不但不会信，反而会想，你这么急着撇清自己，是不是心虚了？所以王翦一句辩白的话也没有，以示问心无愧。

二是不做，他退休回家了。我都交出兵权，回家做土财主了，还能谋反吗？

三是不贪。不贪？王翦他还叫不贪吗？对，确是不贪。他只贪财，不贪权。秦王不就怕他大权独揽犯上作乱吗？他就以贪财来向秦王表了一个“忠诚态”。我这人呀，就喜欢房子、股票、黄金、珠宝，别的，不感兴趣。

“起翦颇牧”四大名将中，白起、廉颇、李牧都没法消除君王的怀疑，结局都不好，只有王翦荣华富贵，安度晚年。靠的是什么，靠的就是这“三不政策”。

回过头来，我们开头讲到这个打伞的“凤凰男”，不知道是不是从王翦的故事中得到了启发，他做了几件事，最后也与领导相逢一笑泯恩仇。

第一，叫作“不急着去说”。这小伙子没有急急忙忙去找张总，解释、检讨一番，而是像不知道这事一样。这无疑是正确的。受了委屈，条件反射似的加以辩解甚至反驳，这也是人之常情。但一般说来，只会是“然并卵”。你心急火燎地找到领导：“那个，老大，我不是你想的那样，你真的误会我了。其实我是……”领导亲切地看你一眼，好，好，知道，知道，没事了，去吧。心里会真的信你——才怪。

一个误会的形成，是有一整套的内在逻辑在里面的，要是凭这么几句话就能化解，这误会也就不是误会了。领导不相信倒也罢了，还要更加看你不起：这点小委屈也受不了，能成什么大器？领导心目中最理想的下属，除了“忠诚、有能力、脑子活、手脚快、话不多”，还有一条：“受得了委屈。”这么点小误会也受不了，还指望你关键时刻抗压办事吗？

第二，让事实来说话。见了张总，这小伙子还是像以前一样的鞍前马后，即使对方是个冷屁股，他这热面孔照样毫不犹豫地贴上去。见了李总，也还是殷勤备至，见了其他领导，也是恭恭敬敬。他这其实是给张总传达这样一个信息：我对每个领导都是很尊敬的（但对你是既尊重又亲切的），那天给李总打伞，不过是赶上了。这小伙子做的是“水磨功夫”，就是用一次次的热情，慢慢地化解张总心头的不快。一次两次他可能以为你是做作，时间一长，就会渐渐认可。所谓“日久见人心”，所谓“事实胜于雄辩”，对一个人的评价，说到底还是靠长期的事实积累。

第三，请别人来说。这小伙子经常向人说起张总对他的知遇之恩，说一些诸如没有张总就没有我之类的话，当然必须是在张总不在的时候。倘有人背地里偶尔说几句张总的不是，他也会站出来尽力为张总辩护。时间一长，张总自然会听到：唔，这小子，其实也不是完全没良心。所以要记得，背后说的话，往往比当面说更有效果——无论是好话还是坏话。

第四，有机会再说。大半年之后，这小伙子逮着一个机会，跟随张总一起到西北出差，一路上殷勤服务自是不必说了。一日张总兴致高，叫上他在一家风味小酒馆里喝起了小酒，酒酣耳热，又在异乡为异客，两人顿觉亲切起来，话也多了起来。这种气氛下，最适合说些掏心窝子的话，他就诚心诚意地说了打伞的事。张总手一挥，一股酒气喷涌出来，嗐，你想多了，我根本就没看到你们。这么着，这个疙瘩算是彻底解开了，两人比以前反觉更贴心了。

不要急着说，让事实来说，请别人来说，有机会再说，听着像首五言绝句是不是？好，一旦领导有了误会，那就先把这首五言绝句在心里背一遍吧。

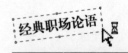

经典职场论语

天时不如地利，地利不如人和。——《孟子》

命运如同手中的掌纹，无论多曲折，终掌握在自己手中。

领导从来就不是你平等的朋友，交往也只存在两种方式：要么打败，要么服从！如果你不能打败领导，唯一能做的就是服从领导。

小事情往往是最难分出对错的，只是立场和角度不同而已，把大量的精力纠结于此，往往得不偿失。

捌

NO. 8

如何避免“神仙打架”的尴尬？

陈树屏教你玩转“跷跷板”

前两年有个电视剧，叫《一仆二主》，说的是一个离了婚的打工仔，一边是顶头上司女老板喜欢他，一边是资深高级女白领青睐他，他呢，两头讨好，疲于奔命，焦头烂额。

其实这在混过职场的看来，纯粹是矫情，嘴上叫苦不迭，心里却是偷着乐，这也叫“一仆二主”？这叫左右逢源好不好？要是职场上真碰上了“一仆二主”，那种纠结、焦虑、郁闷，真是说起来全是泪。

比如说，让你负责办的一件事，结果呢，大领导和小领导有意见分歧，或者不同业务线的领导意见不一致。脾气好一点的，笑着说：“我的意见要是没问题，就这么办吧。”性格厉害一点的，脸一板：“你脑子进水了？听不懂啊？要不这事我来做啊？”这时候，你才真正体会啥叫顾此失彼，啥叫吃力不讨好，你就像一个煎饼，这边是煎熬，赶紧翻个身，那边还是煎熬。各种各样难堪的情形，各位自行脑补吧。这就叫“神仙打架，小民遭殃”。

领导有不同意见时，怎么办？据说这是职场面试的常规题目，问一下“百度”，参考答案也挺多。比如“要在坚持原则的基础上，采取灵活的方法应对”，比如“正确深入领会领导指示的精神实质”，比如“仔细认真地向双方做好解释沟通工作”，比如“从有利大局的目标出发”，比如“从自己的专业角度提出见解，供领导参考”，甚至还有直截了当的：“谁厉害听谁的”。正确不正确？正确，管用不管用？管用。

但生活的精彩，就在于它往往超出考试大纲。比如吧，很多时候两位领导有了截然不同的指令，并不仅仅是对某一件事的看法不同或是处事风格的不同，而是隔山打牛，言在此而意在彼，借着这一件事来表达自己的某种情绪。这个时候，无论你是“从有利大局的目标出发”，还是“从自己的专业角度提出见解”，都只能是隔靴搔痒，让自己越来越陷入被动。

类似的情况，古人当然也碰到过。他们那时没有“百度”可问，也没有考试真题答案一类的参考资料，但他们也有他们的解决方法。比如下面讲到的两招，公务员考试未必有用，但实际工作中，绝对派得上用场。

清朝末年，湖北省江夏县有个知县，叫陈树屏，在当时以“能吏”著称。他不但绝顶聪明，而且熟谙人情世故，用现在的话说，智商、情商都是一流。陈树屏在江夏知县任上，遇上了晚清有名的“戏子冒充光绪案”。

当时武昌城里来了神秘的两个人，其中做主人的，相貌、举止都像极了光绪，另一个服侍的自然是太监，放出风是被慈禧软禁在瀛台的光绪逃了出来。一时大小官员宁信其是，不信其非，纷纷前去拜访，献上钱财礼物。而陈树屏在见过一次后，就起了疑心。

时任湖广总督的张之洞也从京城的朋友处得知此事蹊跷，将此两人交由陈树屏严审。果然这“光绪”是宫里的戏子，容貌与光绪十分相像，又因常在宫中演戏，对光绪的举止和宫里的规矩也很熟稔，而那太监倒是货真价实的，两人合演这一出假皇帝来捞钱。此事的经过，在民国笔记《世载堂杂忆》里有很详细的记载，而陈树屏正是《世载堂杂忆》作者刘成禺的“房师”（科举考试时阅卷的房官）。刘成禺曾问陈树屏，为何一见光绪便知是冒牌货？陈树屏说：“对方的神情举止，都带有演戏的痕迹，故而只能是一个戏台上的皇帝。”由此可见陈树屏对人心洞察之深，这也是他在官场数十年练出来的本事。

其实陈树屏在江夏知县任上，还有一事。这事虽不如“戏子假冒光绪案”有名，却更可见陈树屏人情之练达。

有一日，陈树屏在长江边上，宴请两位上司，这两位上司，都是大名鼎鼎的人物。一位是湖广总督张之洞，清代“洋务运动”的代表人物。另一位是湖北巡抚谭继洵，谭继洵名气不小，他儿子的名气更大。谭继洵的儿子叫谭嗣同，是“戊戌变法”的主角。

这一桌人在酒楼上，把酒临风，其乐融融。张、谭两人都是当世名流，他们说的，是天文地理、时事经济、诗词歌赋。只见张之洞端上一盅酒，缓缓道：“这长江，七里三分——”话没说完呢，谭继洵就打断了：“张大人，我读书少，你可别骗我。这长江，分明是五里三分嘛”。张之洞说：“莫非我读的是一本假书？书上明明白白写着，七里三分。”好，两人就这一学术问题，展开了严肃而热烈地争论。张、谭两人一直是面和心不和，“论事每多相左”，这回仗着酒劲，借题发挥，抬上杠了。

陈树屏的头一下子就大了。这两位都是他的上司，要真在这里吵翻了，没面子不说，心里说不定都要怪他。其实两人争的问题，要解决也容易，把说到的那几本书拿来，翻一翻，不就清楚了？甚至马上叫条船，现场测量一下，谁也没话说。但这样一来，问题是解决了，人也得罪了。输的一方自然是要怪罪你，赢的一方，也不见得感谢你：我说的难道你还不相信？这就像一个“跷跷板”，哪一头要是掉下去了，这游戏就没法玩了。

于是，陈树屏朝两位上司敬了一杯酒，拱拱手，诚恳地说：“陈某不学无术，但长期在此为官，对这长江倒很熟悉。这长江涨潮时，是七里三分，退潮时，是五里三分。两位大人都没错。”

张谭两人见他这么说了，哈哈一笑，就坡下驴，这事就算是解决了。

面对两位领导的不同意见，陈树屏的这一招，叫作“淘糨糊”。这个词说着难听，那就换个说法，叫作从领导所处的角度和所表达的意图上去找平衡点，求大同存小异，设计出一个双方都能接受的方案。

另一个故事，是在西汉初年。汉高祖刘邦做了皇帝后，大杀功臣，先后杀了韩信、英布、彭越等名将。汉高祖十二年（公元前 195 年），燕王卢绾叛乱，刘邦令大将樊哙率军平叛。樊哙刚领军出发，又有人向刘邦告发，说樊哙跟吕后串通，谋划在刘邦死后篡夺刘家江山。刘邦一听，立即令谋士陈平，带上大将周勃，去把樊哙杀了，让周勃就地接任樊哙的职务。

这樊哙，就是《鸿门宴》里生吃猪腿的那个勇士，他还有一个身份，就是吕后的妹夫，娶的是吕后的妹妹吕媭。当时刘邦病重，朝政全是吕后主持，杀了她的妹夫，她还不恨死你陈平？

也就是说，这樊哙，刘邦要杀，吕后要保，两个大领导都不能得罪，人头却只有一个。总不能先砍了，再装上去。陈平作为具体执行者，夹在中间，太难了。

这一点，连周勃这样的大老粗也看出来了，一路上连问陈平怎么办？陈平说，怎么办？凉拌。陈平倒真不是说俏皮话，他的意思是，冷处理。

于是两人到了樊哙营中，传刘邦旨意，把樊哙抓了起来。但没有当场杀掉，而是装进囚车，慢慢地向长安进发。

陈平这人，足智多谋，在汉初是与张良齐名的谋士。但与出身贵族的张良不同，从小贫苦的陈平，其为人行事也颇多江湖气，有时不免玩一点阴谋诡计。比如刘邦被匈奴围在白登，无法突围。陈平就贿赂了冒顿单于的阏氏，靠阏氏的枕头风才脱险。大概其过程多有不光彩之处，所以《史记》也不愿意细说，只说是“其计秘，世莫得闻”。可见陈平做事往往不拘一格，只要效果好，手段如何就不大考虑了。

这回他没有不折不扣地执行刘邦的指令，就在于他看到了这事背后，有着刘邦与吕后势力的消长变化。杀樊哙是个大事，刘邦、吕后肯定会在这上面斗上一斗，而且很快会有结果。陈平就在途中不断地派人到长安打探消息，一旦要杀，立即把囚车中的樊哙一刀砍了，不杀，就马上放了。

陈平在路上等了几天，等来了消息，一个字：死。不是要樊哙死，而是刘邦死了。刘邦一死，就意味着吕后掌权了。陈平马上让周勃押着囚车，自己快马加鞭，赶往长安。

到了汉高祖刘邦灵前，陈平跪倒在地，痛骂流涕：“啊哟陛下啊，我真是对不起您，您生前的最后一项指示，我都没做好。您让我杀了樊哙，我却还没有杀。”旁边的吕后一听，心里的一块石头落了地。

吕后上台后，当年追随刘邦打天下的功臣，要么被杀，要么靠边站，只有陈平反倒升到了丞相，大概在杀樊哙这事上，吕后给他记了一功吧。

面对两位领导的不同意见，陈平的这一招，叫作“拖死狗”。这个词说着难听，那就换个说法，叫作在执行过程中，冷静处理、留有余地、观察事态、准备预案，一旦发展趋势明确，就随机应变提供新的解决方案。

陈平、陈树屏这陈家兄弟的两招，听着似乎不上台面，其实是很见功力的。

一是没有就事论事：也就是说，你首先要弄明白，领导的不同意见，他根本的诉求点在哪里？是不是真像表现出来的那样？比如在陈树屏这里，表面上是个“技术问题”，但实际上是个“心理问题”，解决问题的方向，不是怎样搞清楚长江的宽度，而是两位上司的台阶如何下？同样，在陈平这里，要是纠缠于樊哙是不是真的谋反？是不是真的该杀？那就走进死胡同了。

二是看到了争论的实质：张、谭两人是意气之争，都想着借长江宽度这一“学术问题”，来小小地出对方一个洋相。杀不杀樊哙，其实质也是刘邦与吕后的权势角力。

三是由此找到解决方案：意气之争就打个圆场，让双方都下得了台。权力之争是静观其变，等分出胜负再作决定。所以要不做“夹心烧饼”，走出“神仙打架”的尴尬，关键还在于培养自己高出一筹的洞察力。

经典职场论语

世上没有绝望的处境，只有对处境绝望的人。

每一次委屈都有可能是一次历练，是一次成长，含泪播种的人一定能含笑收获。

职场不是一个可以自主选择喜好的地方，因为职场给你薪水，买断了你工作的时间，在这个时间内，你只能站在工作和利益的角度上来分析，自己应该怎么做。

交谈之前尽量保持中立、客观。表明自己的倾向之前先要弄清楚对方真实的倾向。

玖

NO.9

如何“优雅”地指出领导的错误？

郭嘉把“事故”变成“故事”

记得有一年，某领导，新官上任，在大会讲话时，把云南的简称“滇”，读成了镇，生生把“滇越铁路”改成了“镇越铁路”，一时众说纷纭。

其实，读个把错别字并不是什么大不了的事，中国的汉字那么多，别说《康熙字典》了，就是拿本《现代汉语字典》，基本上每一页都有字不认识。但以这样一个身份在这样一个场合以这样一种方式读了这样一个别字，这洋相就有点不大不小了。

这领导嘴上不说，心底对手下的秘书、办公室主任不定多恼火：我读错了几十年，你们就是装傻，怎么就不提醒我一句？让我出了个大洋相，真是白养了你们。手下的人呢，也是一脸的委屈：老大，我们不敢哪。我们要说您连“滇”字也不识，您还不把我们给生吃了？

看看，领导有了小错，你不指出来，结果是酿成了大错。但你要指出来呢，那说不定，犯“大错”的就是你。这个真是两难啊。那么，眼瞅着领导犯了个错，你是说呢，还是不说呢？

这个问题，我不妨先告诉你答案，那就是两句话：第一句：可说可不说。第二句，可以这样说可以那样说。

这不是废话吗？

还真不是废话。我说个故事你就明白了。

东汉建安三年（公元198），“挟天子以令诸侯”的曹操，发兵讨伐军阀张绣，千军万马浩浩荡荡向着宛城杀过来。当时正是麦收时节，曹操为了体现了他的军队是仁义之师、威武之师，就下了一道命令：“方今麦熟之时，不得已而起兵，大小将校，凡过麦田，但有践踏者，并皆斩首。军法甚严，尔民勿得惊疑。”

这里的“并皆”两字，相当于“一律”，类似于现在常说的“不管官有多大，不管地位多高，不论情节轻重”，完全是不分青红皂白的口气。要说这道命令，确是有点小题大做，也不大符合大汉的法律，但曹丞相说了，那就得遵守，不能不听曹丞相的。于是从将军到士兵，全都小心翼翼，过麦田时统统下马，手扶着麦子而过。

但世界上的事情就是这么的巧。轮到曹操过麦田时，麦田里飞起一只斑鸠，把曹操的坐骑吓了一大跳。不错，还真是一大跳，他跳到麦田里，踩坏了一大块麦田。估计那个一时兴起写上“并皆”两字的文书，吓得脸都白了，悔得肠子也青了。要没这“并皆”，这事还有转圜的余地，这“并皆”一刀切下去，谁想到竟然切到了曹丞相头上。

当时大家的表情，书上没记载，估计十分精彩。但曹丞相是个有原则有情怀的人，当然不会对自己敷衍了事。他马上叫来行军主簿，大概是机要秘书一类的官员吧，说，这事怎么处理？主簿哪经历过这种事，脱口而出："丞相岂可议罪？"

你是大汉丞相啊，法律是管不着你的。这主簿耿直倒是耿直，但这么一说，反而把曹操逼进了死胡同。曹操当即沉下了脸，权大还是法大你不懂啊？这条法规是我定的，我自己来违反它，你这是要我失信于天下啊！

说着，他抽出佩剑，摆了个割脖子的POSE，动作那也是绝对的逼真。手下的人连忙拉住，啊哟丞相这可使不得。拉拉扯扯间，曹操的一个心腹谋士郭嘉，出来说话了。

郭嘉说："古者《春秋》之义：法不加于尊。丞相总统大军，岂可自戕？"《春秋》上说了，法律对至尊者是可以网开一面的。现在天下存亡系于曹丞相一身，怎么能轻易自尽？这事吧，咱们还得斟酌斟酌。

《春秋》是孔夫子定下来的经典，其地位相当于西方社会里的《圣经》，你可以不信法律，但你得信《圣经》啊。曹操一听，就坡下驴，说，既是《春秋》有这说法，那咱们就听《春秋》的吧。几个人一商量，曹操再度抽出宝剑，对准脖子——呵，是脖子以上半尺，刷的一下，割下一绺头发，往地上一扔："就当这是我的脑袋吧。"接着命令手下，以头发传示三军："丞相踩了麦田，本来也要斩首示众，按《春秋》之义及工作需要，今割发以代。"于是三军上下，无不钦佩曹丞相以身作则的模范行为。

这里顺便说一句，现代人看到割发代首，会觉得太轻描淡写了，割发算什么，我一个月还剃一次光头呢。但在古代，割发是一种严重的伤害行为。古代男人都是长发，用簪子固定住，剃短发的只有一种人，那就是奴隶。有一种刑罚叫"髡"，就是把男人的头发给剃去，放现在，比"罚酒三杯"还轻松，但在"身体发肤，受之父母，不敢毁伤，孝之始也"的古人心目中，已是对心灵对形象极大的伤害。所以曹操的"割发代首"，看似即兴表演，其实分寸也是拿捏得十分到位的。

回过头来看看，曹丞相这个大领导犯错误，眼看免不了一场尴尬，但郭嘉郭军师，就是有本事，把一场"事故"变成了一个"故事"，把一个"危机"变成了一个"机会"，把一次"违法"变成了一次"普法"，啥叫"情商"，这就叫"情商"。后来郭嘉英年早逝，曹操痛哭流涕，说"痛哉奉孝，哀哉奉孝"，对啊，这么善于纠正错误的手下哪里去找啊？

自然，我们不是郭嘉，没这个本事。有这个本事，也没运气碰上曹操这么个绝世枭雄。我们是普通人，搭上的也是个普通的领导，领导一向是英明的，忽一日犯了个错误，怎么办？不说吧，对不起领导，也对不起自己的职业良心；说吧，领导怪罪下来，岂不是自讨没趣，平白无故地得罪了领导。To be or not to be, this is a question。这真是个大问题啊。

怎么办呢？我来告诉你，对策就是：一个中心四个基本点。

一个中心，就是以"不打脸"为中心。

不打脸，就是不打领导的脸，也不打自己的脸。

比如吧，领导在会上把滇读成了镇，你举手说："报告领导，你错了，这读作 diān。"领导被结结实实打了一回脸，你呢，也痛痛快快打了自己的脸。当然，这是打个比方，没人会傻成这样，我是说，切忌在公开场合直接指出领导的错误。你跟领导其实是绑在一块的，在公开场合，领导和员工都是一体的，代表的就是本公司的形象，维护领导的形象也是维护自己的形象。领导丢脸，你也丢脸，连你的同事也跟着丢脸。古人说“主忧臣辱，主辱臣死”就是这个意思。你打了领导的脸，别人不会说你是勇敢、耿直，而是说，这公司怎么会有这么二的人？或者说，这二货是存心要出领导的丑。那你要是一声不吭呢，见死不救不厚道就不说了，领导有朝一日出了洋相，心下还是要怪你。

其实挽救领导的形象，也是一种职业素质和职业道德。你看人家郭嘉，曹操犯了错误，他不但有根有据地给挽回了，还趁机给领导脸上贴了金，这就是高明。像行军主簿这样光会说：“丞相岂可议罪？”他以为是拍马屁，其实还是在打曹操的脸。所以，说还是不说，怎么个说，要围绕着一个中心：不打脸。

四个基本点，第一个基本点是：可说可不说的，不说。这个比较好掌握，鸡毛蒜皮的，无关紧要的，搞错就搞错了，随他去。比如我认识一个女领导，挺优雅的一个“文艺中年”，也读过几本书，可老是把好莱坞大明星奥黛丽·赫本说成奥丽黛·赫本，大家也就随她去，谁也不当回事，偶尔私下里开玩笑，也会“奥丽黛”“奥丽黛”地相互调侃几句。反正只要不到好莱坞去演讲，就出不了什么事。这叫“难言之隐，一笑了之”。

第二个基本点呢，可早说可晚说的，晚说。有些事呢，肯定是不对，但一时半刻呢，也不见得会有什么事。比如领导对你有某个误会，听信了传言之类。不解释不纠正是不行的，怕从此印象变成了看法，但急着去纠正吧，很可能是欲速则不达。那就慢慢来，等一个恰当的时间恰当的场合，貌似不经意间，轻轻松松把一个结解开了。

第三个基本点，没法直说的，就绕着说。有道是：一句话让人笑，一句话让人跳，同样一句话，怎么个说法，差别实在是大。

上级的有些错误，不指出来不行，否则就可能给公司造成大的损失，对领导更是不利。但领导呢，也有各式各样的领导，有的特别要面子，有的性子特别急，有的决不肯当面认错，有的把个人威信放在第一，这样直截了当地指问题提意见，效果可能是适得其反。这就特别要注意方式方法，比如找个气氛特别好的场合，比如在领导心情比较好的时候，比如以半开玩笑的口气，比如在只有两个人时候，比如说个小故事提醒一下，语气尽量平和诚恳一点。这真不叫庸俗，这是真心为公司好，为领导好，也是为自己好。同样是提意见，有时是补台，有时是拆台，区别就在你怎么说。

第四个基本点，说不行的同时，也得说怎么样才行。有句笑话，叫作“you can you up ”，你行你上！不行就别掺和！这话呢，当然是不对的，正所谓“说冰箱不好难道我还得会制冷”，但给领导指出错误，还真是得留神这一句。也就是说，在指出领导错误的时候，同时要提供正确的方案，否则，不像是来解决问题，倒像是专门来砸场子的。

有句话叫“不破不立”，但在“破”的同时能“立”，岂不是更好？给上级纠正错误，怎样提醒他认识到错误是前提，但在同时，还要让他明白怎样做才是正确的，要是能多提几套备选方案，供上级斟酌、选择，那就更好了。这实际上是在表明，我的意见、建议是经过深思熟虑才提出的，当然会更有可能得到上级的认可和肯定。

曹操的马踩踏了麦田，郭嘉决不会说，老曹啊，你怎么骑的马？他提供了两个解决方案，一是抬出《春秋》，把曹操从自杀的尴尬中解脱出来，理由还十分的冠冕堂皇。二是“割发代首”，不但无损领导威信，更是因此而提升了正面形象。这样的纠错，才叫高明，曹操心里，才会由衷地认可。

最后还有两点要补充。一是通常来说，上级掌握的信息量远远大于下级，上级看问题的视角也往往高于下级，上级要顾及的方面也总是多于下级，所以，很多时候你以为上级的决策是错的，可能是信息不对称，可能是领导另有谋划，甚至可能是有不得已的难处。因此，纠错，得把是否真的是错，先琢磨明白了才行，这其实对自己也是一种锻炼和提升。二是对上级的决策有不同的看法甚至严重的反对，也应该提出自己的意见建议（如何提参照上面的“一个中心四个基本点”），但当上级决心已下，要求坚决执行的时候，那就一定要照上级的决定去做。就像刘备为关羽报仇攻打东吴，这显然是不明智的，诸葛亮数次竭力反对但反对无效，刘备率军出征后，诸葛亮依然兢兢业业地做好后勤保障，尽可能让刘备的决策取得成功。这就叫职业素质。作为一个成熟的执行者，必须牢记这一句话：“因为不服从领导指挥而造成的损失，远比领导错误决策带来的损失要大得多。”

经典职场论语

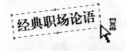

成功人永远在找方法，失败人永远在找借口！

为别人着想，为自己而活。

一个人最大的敌人是自己。没有完不成的任务，只有失去信心的自己。

如果可能的话，要比别人聪明，但不要告诉人家你比他更聪明。——查士德·斐尔爵士

任何敌人都不及你对自己的限制，其实这个世界上有很多事情你都是可以做到的，只是你没有去做。

山重水复疑无路，柳暗花明又一村。——陆游

拾

NO.10

碰上了小心眼的领导怎么办？

萧何给“小心眼”一点“小确幸”

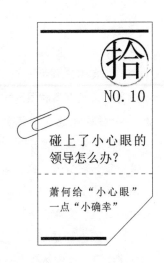

就像有人宽厚，也有人刻薄一样。有领导宰相肚里好撑船，也有领导的心眼比针眼还细。所以，碰上“小心眼”领导的概率也不小。当然，一般的小心眼，不妨一笑置之，最多忍一忍也就过去了。但如果领导的小心眼影响到了自己的发展，那就要想想办法了。

我有一个朋友的朋友，在一个公司做公关，管文字材料、公共关系。一般说来，这个岗位的人，领导是比较信任的，对领导的想法也把握得比较准。

一天，省里的媒体来做重点采访，老总十分重视，亲自参加，又叫了十来个人，开了个小型座谈会。会上，当然是老总为主，介绍经验，其他人补充。领导说得很全面很到位，一二三四，甲乙丙丁，但具体的事例就说不上多少了——领导嘛，讲究个高屋建瓴提纲挈领。于是公关总监就补充了，他熟悉情况，能说会道，又经常跟新闻媒体打交道，知道记者需要什么料。他说得头头是道，有理念、有做法、有效果，还有不少群众语言，很生动形象。

半个月后，报道出来了，内容呢，差不多就是这公关总监说的那些，其中还有两三个地方，还点出了公关总监的名字，当然不过是“某某深有感慨地说”“某某给我们举了个例子”之类的。而从头到尾不见老总的名字。

其实从新闻报道来说，这也是正常的。但这老总心里就不开心了，觉得这公关总监，肯定是仗着跟新闻媒体熟，说不定还做了点“工作”，抢了自己的风头，故意让自己难堪。从此呢，他就对公关总监横挑鼻子竖挑眼，时不时给个小鞋穿穿。

小心眼也算是一个人性的弱点吧，跟身份地位没多大关系，做到了皇帝，也依然有小心眼的，比如汉高祖刘邦就是。

刘邦这人，打小就特别的小心眼。他年轻时游手好闲，吃了上顿没下顿，就经常带着一帮小兄弟到他大哥家蹭饭吃。他嫂子特别讨厌这个混吃混喝的小叔子，一家人早早把饭吃了，见了刘邦一摇一晃地过来了，就把空锅刮得嘎嘎响，这是告诉刘邦，我们家可没饭给你这帮狐朋狗友吃，让刘邦在兄弟们面前大大地丢了面子。更郁闷的是，朋友走后，刘邦发现锅里其实还有饭。

后来刘邦做了皇帝，他给侄子、外甥们都封了侯，就是大哥的独子刘信不给封。

刘邦说：“某非忘封之也，为其母不长者耳。”我还真不是忘了封了，实在是他母亲当年不像个做嫂子的，不厚道。他记着当年刮锅的声音呢。刘邦老爸刘太公实在看不过去了，说好歹总得封一个吧。刘邦说，那行。于是给大哥的儿子封了个侯，叫作“羹颉侯”。羹，就是饭，颉，是形容刮锅的声音，《史记 楚元王世家》颜师古注：“颉，音戛，言其母戛羹釜也。”大侄子你就做个“刮锅侯”吧。

对亲侄子都如此，对部下那就不用说了。萧何，是为刘邦打天下的大功臣，与张良、韩信并称“前汉三杰”。萧何还是刘邦的老兄弟，当年刘邦在沛县做亭长时，萧何是县里的主吏掾，两人是好朋友。后来刘邦做到了汉高祖，萧何就是他的相国。

汉高祖三年（公元前 204 年），刘邦与项羽在京县一带苦斗，战况十分惨烈。而萧何呢，也在后方想方设法，保证粮草供应。刘邦每过几天就派个使者，来慰问萧何。哎哟，萧相国，你可辛苦了啊。前方打仗的皇帝，来慰问后方搞后勤的相国，这是几个意思？萧何开始也不在意，慢慢地也知道刘邦到底想表达什么了：我刘邦每天前线打仗，提心吊胆出生入死，你却在后方搞搞供应，你老萧比我做皇帝的还逍遥啊？显然，刘邦的小心眼又发作了。萧何也不多言语，马上把整个萧氏大家族中，能够打仗的男子集合起来，一起送到京县前线，以示自己不敢享福，要紧跟陛下艰苦奋斗。刘邦一看，这萧相国也是蛮识相了，大为高兴。

汉高祖十二年（公元前 195 年），名将英布谋反，刘邦御驾亲征，留下萧何镇守大本营。刘邦在前线，又是多次派人，来问萧相国在干什么。得到报告说，萧相国治理国家、安抚百姓，现在老百姓都很拥戴朝廷。刘邦阴阳怪气地说，萧相国的功劳很大啊。萧何听说了，心下不安，看来刘邦的小心眼又犯了，他这是怀疑萧何在收买人心呢：你做了相国，已是一人之下万人之上，你还要收买人心，你是想做皇帝吗？萧何也不多说，派人大张旗鼓地去购买大片良田。他这是向刘邦表个态，我胸无大志，只是想多发点财罢了。

刘邦回来，听说有人状告萧何买田买房，便哈哈大笑，得意地把状子给萧何看，哈，你萧何浓眉大眼的，我一直以为你是圣人呢，其实也不是那么高大上啊。于是刘邦心下也就舒坦了许多。

萧何这时就趁机向刘邦提了个建议，说皇家的园林上林苑占地广阔，却只养了一批供观赏的禽兽，何不把这块地让给老百姓耕作呢，反正收割后的秸秆，喂养禽兽也是绰绰有余。刘邦一听大怒，好你个萧相国，你要捞个为民办实事的美名，却用我的田地做人情，存心让我难堪。随后下令，把萧何投入牢狱。

这显然是很荒唐的。有个统率卫兵守卫皇宫的王卫尉，大着胆子问刘邦为何要这样做？刘邦说，李斯做秦始皇的相国，“有善归主，有恶自与”，现在，萧何自己买房买田，却在我面前为民请命，这是他“自媚于民”，所以我要下狱治他的罪。

看看，刘邦的小心眼又发作了。好在王卫尉仗着是刘邦的亲信，一再劝说，刘邦想想自己也确实太过分，就把萧何放了出来。萧何一出牢门，家也没回，穿着破衣，赤着脚，披头散发，来向刘邦谢罪。刘邦一看往日风度翩翩的萧何，一副狼狈相，心里的一口气也出了，就自找台阶说：“相国你是贤相，我之所以将你下狱，就是要让百姓知道我的过错，以衬托相国你的伟大。”

萧何的本事和忠诚，刘邦不是没看到，但他就是小心眼。看到萧何出身比他好、水平比他高、粉丝比他多，言谈举止、风度修养，都比他这个皇帝强，他心里就莫名其妙地不舒服，所以有事没事总要折腾一下萧何。

萧何呢，对刘邦的这点小心思也是心知肚明，所以每次都小小地满足一下刘邦，让他得意那么一下下，把刘邦的小心眼，变成了刘邦的“小确幸”。前汉三杰中，韩信被刘邦杀死，张良隐居了起来，只有萧何在丞相的高位上终其一生，跟他的这份智慧，也实在是分不开的。

所以，要是你的领导也有那么一点“小心眼”，你就要尽快适应。

其实呢，说小心眼，也就是性格上稍稍偏执一点，比如对细节特别在意，就是我们常说的“细节控”。遇上这样的领导，就要学会适应这种性格。怎么个适应，无非是三句话。

第一句是：小处不可随便。一般小心眼的领导，往往是一个“细节控”。大方向或许会有点糊涂，对细节那是特别在意，尤其喜欢通过对细节的挑剔，来显示自己的“高出一筹”，或者是一个细节上的问题，他会见微知著，联想到很多很远。遇上这样的领导，没别的办法，只能是在细节上下功夫。

在工作中，把每一个细节都考虑周到了，领导想到的固然要想到，领导一时想不到的也要想到，这样做下来，领导也就满意了，踏实了。还有一个就是要经常汇报，事无巨细，都要汇报清楚。

比如前面讲到的报道的事，从新闻报道来说，肯定没问题，但从领导的心理来说，不痛快也是可以理解的。如果能事先想到这个细节问题，并和媒体或者领导做好沟通工作，比如把自己的名字去掉，比如把领导的名字露个脸，这个问题也就完美解决了。有句话，叫作“细节是魔鬼”，细节有时候确实有着意想不到的魔力。所以记住这句话：不可随处小便，小处不可随便。

第二句是：确保两头连接。哪两头？一头是你，一头是领导，要确保这两头总是保持连接的状态。也就是说，领导交给你办一件事，你要每个阶段每个进展，都让领导知道。这其实并非多余。因为一件事做完了，于你而言，是整个任务完成了。于领导而言，你和你的任务，只是整个网络中的一个节点。这一环完成到什么地步，中间有没有问题，都会对相关的节点产生影响。因此，如果得不到及时的信息反馈，就可能会影响网络节点之间的协同顺利。如果是个“小心眼”的领导，就会由此而对你的能力甚至职业素养产生怀疑。因此，必须让领导有这样的感觉：这件事始终处于可了解、可预测、可控制的范围。这样，他才不会因不了解而产生一些不必要的疑虑。

还是前面说的那个案例，如果那位公关总监，能把报社记者的稿子，及时向领导做个反馈，做个沟通，甚至事先多想几种方案，请领导来定夺，这样无论最后改还是不改，领导心下都不会有想法，因为这已经是在他的“可预测”之中。这实际上是站在领导的角度来看问题，不能因为你了解了、清楚了，就想当然地以为领导也了解也清楚。

很多的误解往往就产生在信息的不对称上，很多的麻烦也是由一开始的小麻烦没有及时反馈沟通，最后在“误会”的不断叠加中形成了大麻烦。所以要记住这句话：凡事有交代，件件有着落，事事有回音。

第三句是：作风不妨低调。一般说来，注重细节的领导，往往是做事比较扎实细致，讲究稳妥全面的人。因而，在工作作风上低调一点，更容易得到领导的认同。同时，即使在工作以外的其他方面，比如个人爱好之类，也不要有意卖弄，总是一味地“孔雀开屏”，显得自己牛气闪闪，会在一些看似无谓的事情上让领导尴尬，引发其不快。

与“小心眼”的领导相处，一个基本的行为策略，就是“知白守黑”，通俗地说就是示弱。人性总是妒忌强势，同情弱势。草创时期的水泊梁山，为什么杜迁、宋万、朱贵这样的平庸之辈混得很自在，本领高强的豹子头林冲就受到排挤？就是因为梁山泊的首领白衣秀士王伦是个小心眼，容不得林冲这样的强者。所以对王伦这样的领导，假如不能像林冲那样一刀杀了对方，那么主动示弱也是一种策略。如萧何跣足散发、狼狈不堪地见刘邦一样，无非是表上一个装低服小的态，求得对方的理解和帮助。也有人担心，"自暴其短"会不会影响领导对自己能力的评估？当然有这可能，这就要看你自暴的什么"短"。在无关核心竞争力的事上暴上一短，其实是无伤大雅的。

小米的创始人雷军，在印度的小米新品发布会，一开口就是："I' m very happy to be in china……哦，错了，是 India 才对"，然后雷军自嘲地笑了。接下来的两分钟演讲中，雷军的英文句子是只挑简单的说。雷军是武汉大学的学霸，英语肯定不错。但不知什么缘故，网络上总有雷军英语不好的传说。雷军这次就索性卖一个萌。这次自暴其短的效果，使这场只有 1600 张门票的小米新品发布会，当场获得了超过 10000 人的申请。讲英语的印度人对这个英语蹩脚的老板有了一种小小的"优越感"，不由得喜欢上了小米。

消费者其实就是营销人的"老板"，姿态摆低一点总没错。其实话说回来，也不仅是"小心眼"的领导，任何时候、任何领导，都不会喜欢太过高调，喜欢出风头的下属，低调一点，总是不错的。记住这句话，做事可以高调，做人不妨低调。

经典职场论语

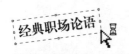

人其实挺矛盾的。总是希望被理解，又害怕别人看穿。

爬得越高，空气就越稀薄。做人高调，就是在破坏自己的生态。

如果你是领导，你会选择一个能力比你强的手下，还是四个能力比你弱的？答案往往是后者。

聪明人与朋友同行，步调总是齐一的。——法国谚语

Hold住同事要德商

职场上的失败，往往不是能力的失败，而是做人的失败、道德的失败。Hold 住同事，是职场人的基础课。现代职场分工越来越细，任何一项工作，离开他人的合作与支持，都难以完成。怎样为自己营造一个和谐积极的人际生态；怎样让自己的朋友越来越多，对手越来越少，“技术流”可以写上几本书，然古人只说了四个字：“以德服人。”

Hold 同事，你需要与人为善、化敌为友，你需要众人拾柴、借梯登高，你需要正直宽容、刚柔相济，这就是德商（Moral Intelligence Quotient）。

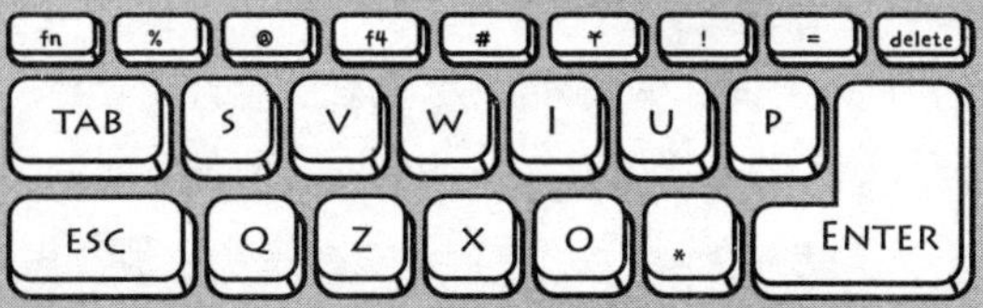

壹

NO. 1

一加一是怎么大于二的？

“房谋杜断”成就“黄金搭档”

《神雕侠侣》中有段故事，说的是杨过和小龙女为救黄蓉，在酒楼上和金轮法王打了起来。那时“神雕侠侣”才刚刚出道，武功远远不及这番邦的第一高手，甫一交手就迭遇险招，眼看性命就要送在这里。情急之下，杨过灵机一动，自己使全真剑法，小龙女使玉女剑法。本来这两种剑法是互相克制的，但合在一起，威力竟是大得惊人，立即反败为胜，把金轮法王杀得落花流水，狼狈逃窜。

同样的两个人，同样的两套剑法，为什么合起来使比分开来用，威力大了好几倍？金庸的解释是，因为两人之间“相互呼应配合，所有破绽全为旁边一人补去”，于是就只管全力进攻，岂不是成了最厉害的剑法？

小说里的“双剑合璧、威力倍增”是否确有其事，这个一时很难考证。但在职场上，如果两个人合作得好，是完全可以产生化学反应，做到一加一大于二的。

打过扑克“争上游”的就知道，四个小3，分别出，那是最小的，如果合成一起，那就是一副炸弹，是可以干掉三个A的。我们常说“男女搭配，干活不累”，这只是搭配的初级阶段。真要是黄金搭档，不但不累，效率还能提高好几倍。

每个人，都是不同的，各具个性。据说有心理学家把职场中的人分为六种类型：完美型、和谐型、活跃型、思辨型、力量型、感召型，这种分法当然只是大致而言，但每个人基本上还是可以对号入座的。

那么问题就来了，要是两个搭档都是思辨型的，每天研究来研究去，可就是做不成事，所谓“半夜想想千条路，早上依旧卖豆腐”；要是两个都是感召型的呢，每天你灌我一碗心灵鸡汤，我给你来一场励志演讲，整个人打了鸡血似的，热血沸腾，心情激荡，可就是不知道怎么做事。但要是思辨型的跟力量型的在一起，一个研究问题出点子，一个勇于做事能成功，或者是活跃型的和和谐型的在一起，一个擅长打开局面，一个擅长调和关系，岂不是双剑合璧一样，把长处都发挥出来了，把短处都弥补了。

异质互补则强，同性相斥则弱，异质通过互补可以大幅度地提高能效比。比如中药，互补就是最基本的用药之道。中药的方剂，很少有一服药只有一味草药的，往往是几种十几种合在一起使用，其用意也就是使各种药效的草药，互相之间产生作用，从而使药效更为显著。

知母与黄檗功效相似，合用后降火的药效更好；以茯苓配黄芪，能充分发挥黄芪补气利水的功能；芫花有祛痰之功效，但对胃肠有刺激，就需要加入大枣来减轻。中医用药讲究一个“君臣佐使”，其实质就是通过药物互相的配合，把药效发挥到最大，把药害减低到最小。如果把各种能力各种性格的人才比作一味味的草药，那么，人与人之间的互相配合与互相抑制，也有一个“君臣佐使”的问题。配合得好，就会产生意想不到的效果，两个人的能量都一下子提升了好几个等级。有个成语叫“房谋杜断”，说的就是这么一回事。

房、杜是两个人，房是房玄龄，杜是杜如晦，他们两人都是历史上有名的宰相，是唐太宗李世民的得力助手，李世民能做皇帝，开创“贞观之治”，他们两个功不可没。

房玄龄和杜如晦从年轻时就是莫逆之交。先是房玄龄投奔了李世民，干了大半年，觉得李世民就是真命天子，就把哥们杜如晦也叫了过来，一起协助秦王李世民“经营四方”，一对后世称颂的“黄金搭档”就此形成。

当李世民推翻隋朝、削平群雄时，杜如晦是李世民麾下的兵曹参军，相当于军队的作训参谋，而房玄龄则是李世民的记室，相当于处理事务的机要秘书，两人一文一武，成了李世民的左膀右臂。

唐朝初建，李世民与太子李建成展开了皇位之争，发生了历史上有名的“玄武门之变”。在这场政变中，当时已被政敌贬斥的房玄龄和杜如晦，秘密潜入到李世民的秦王府，帮李世民拿定主意，出谋划策，诛杀了太子李建成、齐王李元吉，最终让李世民当上了皇帝。唐朝著名的凌烟阁二十四功臣中，杜如晦名列第三、房玄龄名列第五。李世民做皇帝后，这一对哥们继续搭档，一个是尚书左仆射，一个是尚书右仆射，成为唐太宗最为倚重的智囊，并称为“房杜”，唐朝的制度法律，基本上就是他们两个商量定的。

房玄龄、杜如晦为什么能成为“绝配”，个人能力强那就不用说了，还有一个重要原因，就是两个人性格上的互补。

房玄龄这个人，脑瓜子特别灵，一拍脑袋就是一个点子。但点子太多了，他自己都不知道用哪个了，就是说，有点优柔寡断。而杜如晦呢，性格果断坚定，更善于分析，能在错综复杂的情况下一眼就看出主要矛盾，但做事稍微有点毛躁。两人的长处和短处都是非常明显的。但当两个人组合在一起时，就像杨过与小龙女，把对方的短处都补住了。唐太宗也很善于利用这一点，《旧唐书·房玄龄杜如晦传》说：“世传太宗尝与文昭（房玄龄谥文昭）图事，则曰：‘非如晦莫能筹之。’及如晦至焉，竟从龄之策也。盖房知杜之能断大事，杜知房之善建嘉谋。”

唐太宗遇到重大复杂的问题，先把房玄龄找来，房玄龄呢，总是一下子就能提出好几套方案，每个方案还都很精辟，但几个方案比较来比较去，就是下不了决心。这时，唐太宗就请来杜如晦，杜如晦一来，把各个方案的优劣得失分析得清清楚楚，当场就说哪一个方案是最优的。唐太宗一听就放心了，立即就拍板形成决策。

房、杜二人，一个善于出计谋，一个善于做决断，同心辅政，合作得非常协调，所以当时就有个说法，叫“房谋杜断”，说是“文含经纬，谋深夹辅。笙磬同音，唯房与杜”，形容他们各具专长而又各有特色。

我们设想一下，假如房玄龄没遇上杜如晦，或者杜如晦没有遇上房玄龄，两人的本事怕是要大大地打上一个折扣，能不能成为一代名相，也不好说了。找对一个好搭档，就是这样的重要。

那么，同事那么多，怎样才能找到自己的黄金搭档呢？找到了黄金搭档，又怎样才能“双剑合璧”？首先得说，黄金搭档就像黄金一样的珍贵，但如果不是黄金搭档，退而求其次，成了白银搭档、黑铁搭档，也可以大大地提升自己的能力啊。至于怎样找到合适自己的搭档，四个字：知己知彼。

你要有一个工作上的好搭档，你当然要了解他，他有长处和短处，这个容易理解。但更重要的，你要了解你自己，知道自己能做什么，知道自己需要什么。而我们很多人，往往对自己不那么了解，不能正视自己的短处，或者不知道自己的长处。

古人说，“知人者智，自知者明”，“明”其实比“智”更重要，也更困难。中国古代第一对黄金搭档，管仲和鲍叔牙，也就是有名的“管鲍之交”，就是知己知彼的典范。管仲认为是自己是治国之才，他要做大事，不愿意把精力花在小事上，更不愿意在战场上送了小命。管仲打仗做逃兵，做生意老蚀本，大家都瞧不起管仲。只有鲍叔牙知道，管仲是个治理国家的高手，推荐他做了齐国的相国。

但管仲在临死前，却不推荐鲍叔牙接任做相国，大家很不理解，觉得管仲这人太不够意思。鲍叔牙对此甚感欣慰，因为他的性格太过认真，品行太高尚，见到品德才能不如自己的，就不屑与之为伍，这样的人是不适宜做管理工作的。管仲知道鲍叔牙这个特点，鲍叔牙对自己这个短处更是清楚。所以管仲不推荐他做相国，他反而觉得管仲是最了解自己的人。这就是黄金搭档。

那么，搭档之间又该如何合作共赢呢，还是四个字：扬长避短。西汉开国时也有一组黄金搭档，他们是出主意的张良，搞后勤的萧何，打仗的韩信。连做皇帝的刘邦，也不得不说：“夫运筹帷幄之中，决胜千里之外，吾不如子房（张良字子房）；镇国家，抚百姓，给饷馈（供给军饷），不绝粮道，吾不如萧何；连百万之众，战必胜，攻必取，吾不如韩信。”当然刘邦也有刘邦的本事，能把这三味“良药”合成一张“方剂”，形成了一个战无不胜的团队。而从张良、韩信、萧何三人的角度来说，也有一个“需要的互补性”的问题，就是如何利用对方来增强自己的能量。

善打仗的韩信，需要张良来出计谋、萧何来保障供应，以此来进一步增强自己打胜仗的本事。只要两人能做到这一点，那么其他方面的所有不足，也都不是问题，这就叫“重其一点，不及其余”。

十全十美的人是没有的，即使有，也不可能成为你的搭档。找搭档的目的，是要让自己成为更优秀的人。如果你看到了自己某一方面的缺陷，而有人在这方面却很出色，那么即使他在其他方面都很平庸，那也没关系，他照样可能成为你的好搭档。交朋友不能太势利，这当然是不错的，但在工作上的朋友，还必须要“势利”——缺什么就补什么。

实际上，也只有这样互惠互利、相得益彰的职场“搭档”，才可能是长久的，也是对彼此最为有利的。

那么，怎样才能尽快地找到自己的好搭档呢？这里可能需要一点运气，也需要一点缘分，当然更需要你的一双慧眼。比如你来到了一个新公司，不妨暗暗地看上四眼。哪四眼？第一眼是看他的性子。是急性子还是慢性子？是着眼大处的还是注重细节的？是发散性的还是一根筋的？这可以看出能否与自己互补；第二眼是看他的圈子。他跟哪些人关系密切？他生活中哪些人占有重要位置？他的朋友是些什么样的人？这可以看出两人以后能否融合；第三眼看他的位子。这倒不是说他的职务，而是看他在团队中说话有没有人重视，他做事有没有人跟随，这可以看出两人成为搭档后的前景；第四眼看他的点子，就是他的工作思路和工作方法，是否跟自己合拍，能否擦出火花，这可以看出两人成为搭档后有多大的业绩。

如果这四眼都能看对眼，那么，用一句文艺腔的话来说：因为遇到你，我成了更好的自己。

经典职场论语

寻找事业上的最佳搭档，并不是挑选你喜欢的人，而是挑选适合你的人。

君子忌苟合，择交如求师。——贾岛

上等人互相捧，下等人互相整。

没有完美的个人，只有完美的团队。

梅雪争春未肯降，骚人阁笔费评章。梅须逊雪三分白，雪却输梅一段香。——卢梅坡

取人之直恕其戆；取人之朴恕其愚；取人之介恕其隘；取人之敏恕其疏；取人之辩恕其肆；取人之信恕其拘；所谓人有所长，必有所短也，可因短以见长，不可忌长以摘短。——吕坤

贰

NO. 2

如何把竞争对手拉到同一战壕？

卢怀慎说大家好才是真的好

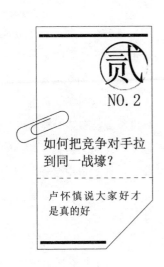

同一个办公室里有两个年龄、资历、条件相仿的同事，实在是件很尴尬的事，领导会有意无意地进行比较，同事会有意无意地评价，碰到晋升选拔一类的事，两人自然而然就成了竞争对手。这时候，真恨不得仰天长叹“既生瑜，何生亮”啊。两人关系要是不错倒也罢了，要是两人性格有差异，气场又不合，看对方时就总会有那么一点不顺眼。两人的工作倘若是井水不犯河水倒也还好，要是有一日，领导说，来来来，小张、小李，你们一起，把这事给办了，这时候，又该如何相处呢？

当然，你可以向领导提出，我跟他别扭，还是换个人吧。领导会想，你这人才是别扭呢，是你挑工作还是工作挑你啊？对你的印象就差了下去，而且，领导一般也不会同意这样的理由。当然，你也可以与这位同事约法三章，我们俩，铁路警察，各管一段。这是你该做的事，这是我该做的事，各自的岗位、权力和责任，咱们先捋个清楚。在职场混过就知道，这样的状态其实只存在于理论上，工作要完全不交叉是不可能的。

其实我们都清楚，职场上最好的帮手，只能是你的同事。你为老板所做的任何事情都是“理所当然”的，而为同事所做的一切，就像往银行存钱一样，大多数情况下是可以取出来救急的。因此，假如遇上了竞争对手，你能做的，只能是以积极的心态，主动的姿态，在竞争中合作，在合作中竞争，一起把工作做好，这样无论是对你还是对他，都是最好的，就像一句广告词说的：大家好才是真的好。

具体该怎么做呢？说一个唐朝时的宰相卢怀慎的故事。

卢怀慎是唐玄宗时期的大臣，他出身于范阳卢氏，那是唐朝最著名的名门世家。他的政绩也不错，后世对他的评价是三个字：清而慎。就是说，他为官清明廉洁，为人谦和大度，做事认真细致。

唐朝开元年间，卢怀慎与姚崇一起为左右宰相，共同处理朝政。这姚崇呢，也是历史上的一个名人，但他与卢怀慎的性格完全不一样。他能力出众，精明强干，做事呢，说好听点是当机立断、雷厉风行，说不好听点是自以为是、刚愎自用。这两人的画风真的是很不一致。但既然同是宰相，遇上大事，当然要两人商量着办。他们在皇帝面前，自然就有了竞争关系，而朝野内外，也免不要了要评论几句：谁水平更高一点，谁能力更强一点。

卢怀慎知道，如果两个人争当“一哥”，事情办不好是肯定的，说不定还要让人看笑话。姚崇能力强，喜欢管事情，卢怀慎就主动地退一步，你爱管你就多管吧，所以凡是重大事务，总是先让姚崇拿主意，只要没有大的问题，他就不提反对意见了。

有一次姚崇因事休假半月，卢怀慎就只是办理一些日常事务，重大的问题先搁一搁，等姚崇休假回来，先听了姚崇的意见再处理。久而久之，卢怀慎竟然有了一个“伴食宰相”的外号，意思是说他不做事情，只是陪着姚崇一起吃饭罢了。这自然是误解，但卢怀慎也从不去解释。

姚崇的作风是雷厉风行，办事效率高，但在细节上就未免有点疏忽，卢怀慎呢就不声不响，为姚崇做一些查漏补缺、扫尾补台的事，把事情办得尽善尽美。姚崇能力很强，心底就有点瞧不起同僚。姚崇的权力欲也很强，同僚跟他有矛盾的，都慢慢地被他排挤出了权力中心，像中唐时候另一位著名的政治家张说，就是被他所中伤，赶到了地方为官，所以姚崇与朝廷大臣们相处得并不是太好。

而卢怀慎则为人大公无私，清正廉洁。他穿的衣服、用的器物上没有用金玉做的豪华装饰。虽然地位尊贵，但妻子儿女的日常生活跟普通人一样，走在大街上，根本没人知道这是宰相的夫人千金。皇帝赏赐给他的钱财，他马上就分给了朋友亲戚，赏多少送多少，家里根本就没有什么资产。他的清正廉洁，树立了宰相的形象，也在无形之中对姚崇形成了压力，使他不致太得意忘形。

说起来，卢怀慎小时就被认为“器不可量”，前途不可限量，其实并非没有能力之人。他做官期间也颇有政绩，只是为了处理好与姚崇的关系，才收敛才华，甘做“伴食宰相”。就这样，姚崇、卢怀慎两人，一个勇当红花，一个甘做绿叶；一个能力强，一个作风正；一个勇于做事情，一个稳稳把方向，形成了一种互补、双赢的局面，把国家治理得井井有条，有了著名的“开元之治”，两个人都成了历史上的名宰相。

同事间的竞争，实在是最复杂最微妙的关系之一。

同事之间的竞争，说起来也是职场中的常态。一方面，作为上级，在强调合作的同时，也总是有意无意地鼓励同事间的竞争，以保持内部的激情与活力；另一方面，同事间也只有通过竞争，才能把自己的能力最大限度地发挥出来，体现自己的存在价值。

有意思的是，竞争在某种意义上也促进了合作。因为在竞争中，一个人不可能在所有方面领先，他只能在其中一个或者几个方面比别人强，也就是说，竞争培养了不同的能力趋向，这就为合作提供了空间。在完成一项需要多方面能力的重大任务时，强强合作、各展所长，无论对团队还是个人都是最好的选择。

正是因为这样，两个相等量级的同事之间的竞争，处理得好，两人一起提升，像姚崇卢怀慎这样，这叫皆大欢喜。处理得不好，两人一起倒霉，这叫两败俱伤。这个道理说起来大家都懂，真要做到也是很不容易。因为一旦形成了竞争关系，谁都想领先一步，努力表现自己是必然的，互相拆台也是常有的事。卢怀慎之所以为人称道，就在于他在处理与姚崇的关系时，以合作代替了竞争，这其实是一种很明智的做法。具体说起来，卢怀慎的做法，可以用四句话来说明。

第一句话是，打铁还得自身硬。

无论是竞争还是合作，先得把自己的素质、能力提升上去，形成自己的核心竞争力，这样别人就不敢小看你，要竞争有底气，要合作有条件，主动权在自己的手里。

说得功利一点，职场上的合作，无论以什么样的形式表现出来，其本质就是利益交换——短期的或者长期的。如果你不能让对方在合作中有所得，那他跟你的合作就毫无价值。就像卢怀慎，他在处理政事时，往往能对姚崇起到查漏补缺的作用，帮助姚崇进一步完善，也就是说，如果没有卢怀慎的补台，姚崇很可能就会坍台，姚崇嘴上不说，心里还是觉得离了卢怀慎自己也玩不转。这种情况下，卢怀慎能放低姿态，主动合作，就是高风亮节，而不是被动依附。有句话，叫作“弱国无外交”，职场上也是如此，弱者不但无法竞争，甚至无法合作，自身实力不行，不要说合作，连讨好人家的资格也没有。

第二句话是，吃小亏占大便宜。

竞争对手之间的合作，如果两人都精明过头，都想在合作中占点便宜，那注定是没法合作的。这就需要两个人或者至少有一个人，愿意吃一点小亏。比如卢怀慎，就被戴了一顶“伴食宰相”的帽子，出风头的、出形象的事，都让给了姚崇，自己甘居幕后。但这样的“吃亏”，从长远来说，并不吃亏，反而是占了大便宜。为什么？因为事情办好了，政绩出来了，两人的地位、名声都上去了。

职场上，每个人都有自己的利益诉求，有些是核心利益，比如业绩、比如上级的评价，有些是一般利益，比如知名度、比如钱财上的得失。两者兼得，当然最好，但有时为了保证核心利益，牺牲一点一般利益也是明智之举。

北宋有个名臣叫吕端，做事公正公道，在朝臣中威信很高，因此被宋太宗提升为宰相。当时还有一位参知政事（即副宰相）寇准，也是当世名臣。寇准和姚崇有点相似，也是能力强、脾气大，自视甚高。吕端知道，自己一下子位在寇准之上，寇准心里肯定不平衡。以寇准的性格，他很可能会跟自己在工作中“抬杠”，以寇准的能力，一旦他来掣肘，自己的工作就会大受影响。于是，吕端就特意请求太宗，下了一道旨意，让寇准和自己轮流掌印，领班奏事，并一同到政事堂中议事。吕端遇事总是与寇准一起商量，从不专断。也就是说，寇准虽是副相，却享有与宰相几乎同等的权力。这看起来是吕端把自己的权力分割了一大块出去，“吃亏”了，但这样一来，寇准对吕端感恩戴德之余，自然在工作上尽心尽力，全力协助。有这样一个得力助手，自然会有好的政绩，政绩上去了，最大的得益者当然还是他吕端。

有句话，叫“诸葛一生唯谨慎，吕端大事不糊涂”，就是这么来的。所以，在合作中，只要不损害到自己的“核心利益”，偶尔做点妥协和让步，也不失为明智之举。其实，谁也不是傻瓜，你妥协了让步了，对方即使嘴上不说，也是心知肚明，合作的基础也就更牢固了。

第三句话是，得过且过。

两人共事，倘若“气场”不合，互相之间总有一些看不顺眼的地方。时间一长，总会有一些小矛盾、小摩擦、小误会。倘若心里纠结不下，总是琢磨对方到底是什么意思，有什么企图，这样自己很累不说，对方也会觉得无法合作。因此，只要不是原则问题，就打个马虎眼，就当没这回事。比如姚崇的自以为是，追求名声，卢怀慎肯定看不惯，但姚崇能为国家兴利除弊，这些性格上的小毛病也就不能太认真了。

古人有句话，叫作“不盲不聋不做阿公”，过去的大家庭中，一家总有几十口上百口人，当家的阿公，如果眼里揉不下一点沙子，凡事一定要有个是非对错，搞个水落石出，那这个家就没法当了。职场上也是如此，只要在大事上坚持原则，小事上不妨糊涂一点，得过且过一点，这样的合作才会长久。

第四句话是，己所不欲，勿施于人。

这是孔夫子说的，意思是说，人要学会换位思考，站在对方的立场上来考虑问题，自己不愿意做的事，就不要强加给别人。同事间的竞争，本来关系就很微妙，说话时口气稍微“大”一点，做事时姿态稍微“强”一点，偶尔指手画脚几句，都会在对方的心里被放大，觉得你是有意要“压他一头”，他自然也要口气更大一点、态度更强势一点，表示自己的不服气，这样矛盾说不定就会升级。所以无论言行都要考虑对方的感受，否则，就会在伤害对方的同时，也伤害了自己。记住这句话，想要让自己舒服，先得让别人舒服。

经典职场论语

消灭敌人最好的办法就是把竞争对手变成自己的朋友，那么我们或许真的能一劳永逸。——亚伯拉罕·林肯

要想成功，你需要朋友；要想非常成功，你需要的是比你更强大的对手！——亚里士多德·欧纳西斯

经路窄处，留一步与人行；滋味浓时，减三分让人尝，此乃是涉世一极安乐法。——洪应明

我们要寻求的，是合理的利益，而不是利益最大化。一旦以利益最大化为目标，就一定会鸡飞蛋打。

“交友”有“八交九不交”，“八交”者：胜己者；盛德者；趣味者；肯吃亏者；直言者；志趣广大者；惠在当厄者；体人者。“九不交”者：志不同者；谀人者；恩怨颠倒者；好占便宜者；全无性情者；不孝不悌者；愚人者；落井下石者；德薄者。——曾国藩

叁

NO. 3

碰上一个“神队友”怎么办？

赵云说亦师亦友才有进阶

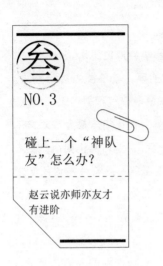

这几年冒出了一个新词，叫作“学霸寝室”。网上随便翻翻，类似学霸寝室、学霸宿舍的新闻真是不少。比如一个大学寝室里七个人，个个都保送研究生，而且大多还是进的985高校。比如一个女生宿舍的同学，人长得漂亮就不说，司法考试满堂红，而且全是高分。他们本身素质好，那是肯定的，他们之间互帮互学、互相带动，那更是肯定的。你要是学习不好，拖了寝室的后腿，回到寝室，你都不好意思打招呼啊。

学校里是这样，职场上也是如此。你要到了一个金牌团队，里面的个个都是牛人，或者说，你的团队中有那么一位两位特别优秀的，那么，你的日子，用一句话来讲，叫作痛并快乐着。痛苦是肯定的，跟牛人在一起工作，时刻担心自己被淘汰，那真是压力山大，那为什么还有快乐呢？因为跟优秀的人在一起，你也会跟着优秀，这当然应当快乐。

我有一个朋友的女儿，名牌大学毕业。一年前她来找我，说领导有意让她到另一个部门，她犹豫着要不要去。为什么犹豫，因为现在这个部门，她使出七八分力，就是稳稳地业绩第一，舒舒服服，再做两年，混个部门主管是笃定的事。而要去的那个部门，是全单位最牛气的，里面的人，全是好手中的好手，她要去了，要努力的不是业绩如何做到第一，而是如何做到不是倒数第一。部门主管，那真是一个梦想——做梦时想想。我跟她说，你是个聪明人，话我也不多说，我只说两句话，第一句，“一个人能走多远，要看他与谁同行”。第二句，“最怕的是比你优秀的人还比你努力”。

几天后，她下定决心去了新部门，果然是痛并快乐着。她QQ的签名也改成了：“每天都有所进步的日子，才是最美的时光。”一年后，她又回到了原来的部门，不是她待不下去了，而是领导看她成长得太快了，让她回来做了部门主管。她特意来向我表示感谢，感谢我当时指点了她那么两句话。

三国蜀汉的大将里，最能打仗的，当然是关羽、张飞、赵云三人。赵云很早就跟着刘备，算是老一辈革命家了。但细细翻一下这三人的履历表，就会发现，在赤壁之战前，赵云的“戏份”似乎不多，重大的战役都是关羽、张飞在唱主角，赵云虽是大将，但最主要的工作，是保护刘备，好像只是刘备的一个警卫长。其间的原因也是显而易见，因为刘、关、张是结义兄弟，关系最铁，刘备当然也最信任。打个比方吧，在刘备这公司里，刘备是老大，关、张是副总，赵云只是个办公室主任。

但赤壁之战后，赵云的重要性就越来越明显了。诸葛亮在赤壁大战借东风这样的关键时刻，前往拜风台，带的是赵云。后来陪同刘备去东吴提亲，这样关系到主帅生死、关系到蜀国存亡的大事，给刘备保驾护航的，是赵云。最后从孙夫人那里，拦江夺阿斗，把蜀国的第二代领导人抢救下来的，也是赵云。甚至到了他 70 岁时，还在北伐祁山的战役中，担任主将。可以说，在蜀国中，赵云的地位是越来越高，越来越牢固。

相比之下，当年压着赵云一头的关羽、张飞，结局却不是太好。关羽丢失了荆州，给蜀国带来了致命性的打击，自己也被俘后杀死。张飞呢，死得更不值，是被两个根本排不上号的小卒，乘他醉得不省人事时，割下脑袋，献给了东吴。

三人的命运如此的不同，原因当然有很多，但有一个重要的原因，似乎一直没有提到过，那就是，当他们身边来了一位神一样的同事时，三人的表现不同。

这个神队友，当然就是诸葛亮。刘备在创业路上历尽坎坷的时候，三顾茅庐，请来了传说中的“卧龙”。这诸葛亮上知天文、下知地理，学识渊博，足智多谋，绝对是一个旷世奇才。这样的人来到刘备军中，等于是在全军树起了一个标杆。而关羽此人，从来就是心高气傲，总觉得老子天下第一，谁也不放在眼里。诸葛亮成了他的同事，他没有向诸葛亮学学计谋和口才，反而是从一开始就带着抵触情绪的。当然这也可以理解，原来他是刘备公司的第一副总，现在呢，诸葛亮成了运营总监，他的心里当然不平衡了。诸葛亮让他守华容道，他放走了曹操。诸葛亮让他守荆州，方针是北拒曹魏，东和孙吴，要和吴国继续结成同盟。结果他自以为是，以为一把大刀可以打天下，两头作战，把荆州也丢了，自己的性命也丢了。

张飞对诸葛亮倒是心服口服的，但张飞此人，学习能力不行，一直改不了自己的火暴脾气。你说诸葛亮就在身边，他怎么就不去学一学诸葛亮计划周密、小心谨慎的工作作风呢？结果最后就死在了自己的脾气上。

只有赵云，把诸葛亮当作亦师亦友的同事。一开始，赵云是以武功高、胆子大著称的，被誉为“赵子龙一身是胆”。但诸葛亮来了后，赵云开始有意识地向“全能型”的将军发展。刘备去东吴提亲，陪同的为什么不是最为亲近的两位义弟关羽、张飞，而选中了赵云？就是因为赵云胆大心细，有勇有谋。赵云沿江夺阿斗，也是因为他政治意识强，既有原则性又有灵活性。蜀军失街亭大败后，危急关头诸葛亮派赵云断后，就是看到他做事沉着冷静，综合素质高。

“空城计”的故事人人皆知，是诸葛亮最为脍炙人口的传奇，《三国演义》里花了很大的篇幅来渲染诸葛亮的这一神来之笔。但实际上，这是罗贯中在“戏说”。翻翻《三国志·关张马黄赵传》注引《赵云别传》就可知道，这是根据赵云的事迹改编的。在汉中之战中，曹操大将夏侯渊被斩，曹操亲率大军“扬兵大出”，追击蜀军。而此时赵云兵少，交战不得，只得且战且走，退入营中。赵云入营后，拒绝了部将“闭门拒守”的建议，而是反其道行之，“更大开门，偃旗息鼓。(曹)公军疑(赵)云有伏兵，引去。云雷鼓震天，惟以戎弩于后射公军，公军惊骇，自相蹂践，堕汉水中死者甚多”。赵云的“空城计”大获成功。由此可见，赵云学诸葛亮学得有多到家，也可见，赵云跟了诸葛亮以后，进步有多大。

据说，人类是唯一能接受暗示的动物。积极的暗示，会对人的情绪和生理状态产生良好的影响，激发人的内在潜能。而消极的暗示，会使人渐渐颓废，变得平庸。新东方董事长俞敏洪在演讲中也不止一次总结他的成功之道：“一直在向优秀的人靠近，在追随优秀的人的脚步。”假如你的同事中、你的团队中，有那么一位两位比你强的优秀人才，那么，他们的存在，其实就是在时时刻刻地给你积极的暗示。所以，当你的团队中出现了“大牛”，你的第一反应，就是要祝贺自己，因为提升自己的机会来了，优秀人才，可遇不可求，现在就在眼前，岂不是值得庆贺?

那么，庆贺之后，该如何做呢？有三个关键词。

第一个词：靠近。你要想办法到他的团队中去。所谓近朱者赤，近墨者黑，你只有不断地靠近他，才有可能变得和他一样。和勤奋的人在一起，你不会懒惰；和积极的人在一起，你不会消沉；与智者同行，你会学到智慧；与高人为伍，你会让自己变得更高。正如一句话所说的："你是谁并不重要，重要的是你和谁在一起。"

"孟母三迁"的故事就是一个典型案例。孟子的家，一开始靠近一个坟场，每天来来往往扫墓的很多，小孟就看样学样，跟着这些人玩起了跪拜、祭祀这一套。孟母一看不行，搬了一个地方。这回是靠近市场，熙熙攘攘的全是小贩，充斥耳边的，是讨价还价之声。小孟耳濡目染，也就跟着小贩们吆喝了起来。孟母看了还是不行，最后搬到了一个学校附近。这回，来来往往的是青衿学子，耳边传来的是琅琅书声，小孟就学着他们摇头晃脑地读起了圣贤之书。孟母这才满意了。孟子这样的圣贤之人，尚且免不了要受周围人影响。可见自己的身边是些什么人，实在是太重要了。

第二个词：也是靠近。你要想办法到他的身边去。只有到了强者的身边，跟他一起工作一起做事，一起完成任务，才能真正体会到他不同寻常的地方。像赵云，他跟着诸葛亮一起打仗，一起管理，才学到了诸葛亮的缜密思维，学到了他的理智周到。

南朝时有一个人，叫季雅，他到南康（今江西赣州）做官，东挑西拣，最后在名臣吕僧珍的隔壁买了一栋住宅。吕僧珍一日问他，你买这房子，花了多少钱啊。季雅说，不多，也就一千一百万吧。吕僧珍跳了起来，兄弟，你上了中介的当，这价钱，可以在市中心买幢别墅了。季雅笑笑，我知道，我一百万买的这房子，一千万买做你邻居的机会。季雅为什么愿意做这“冤大头”，因为他住在了全国道德模范吕僧珍的边上，可以从吕僧珍的日常生活，一举一动中，学到他的为人、品行，从而提升自己的素质。这一千万，花得值。

第三个词：还是靠近。就是除了工作，最好你还能走进强者的生活，成为他信任的人。一个优秀的人，之所以优秀，除了工作能力，还有他的生活态度以及精神世界。要成为优秀的人，就要全方位地学习、提升。另一方面，也只有成为他信任的人，他才会悉心指导你，把最核心的东西教给你。

宋朝时，有个著名的宰相，叫富弼。富弼还是一个小官员时，他遇上了一位领路人，那就是著名的政治家、文学家晏殊。富弼跟着他，从工作到为人处世，甚至性格脾气，都向他学习。晏殊一看，这小伙子还真像我，慢慢就把他当作自己人了，再后来，就把自己的女儿嫁给他了，这一身本领，当然更是毫无保留地全传授给他。富弼最后，也成了一代名相。

看看，有个神队友，就有那么多的好处。这就叫“读万卷书不如行万里路，行万里路不如阅人无数，阅人无数不如名家指路”。

经典职场论语

人生中最幸运的是：上学时遇到好老师，工作时遇到好领导，成家时遇到好伴侣，人生路上遇到好朋友。

跟“高含金量”的朋友在一起，自身的含金量也会提高。

一个人能走多远要看他与谁同行；一个人能有多大的成就要看有谁指点；一个人能有多么优秀要看他身边有些什么样的朋友。

见贤思齐焉，见不贤而内自省也。——《论语·里仁》

肆

NO.4

碰到“猪队友”怎么办？

杨时斋巧妙“用其短”

不怕神一样的对手，就怕猪一样的队友。

这一句，几乎可以称之为当代名言了。事实上，不管你喜欢不喜欢，承认不承认，在职场上，碰到“猪队友”的概率还是不小的，所差的，只是程度不同而已。当然，也很有可能，你自己就是队友眼中的“猪队友”。

什么叫“猪队友”，他有三个不，有三个能。

三个不，一是永远不知道他的任务。要做些什么，达到什么目标，用什么方法去完成，脑子里是一团糨糊；二是永远不知道助攻。关键时刻，同事需要什么，怎么去协助，怎么给同事提供支持，根本没这个概念，不拖累队友，那就是万事大吉了。三是永远不知道错在哪里。任务没完成，事情搞砸了，依然是一脸人畜无害的无辜状。至于分析原因，总结教训，那无疑是天方夜谭。

当然，“猪队友”也并非一无是处，他们往往有三个能：一个

是能抱怨，他们总像个“祥林嫂”，数落着工作和生活中的种种不如意，自怜自艾；二是能纠结，明明一件很简单的事，也要纠结个老半天，这样办不大好，那样做也不行，这样做领导要批评，那样做客户有意见，折腾了半天，就是动口不动手；三是能搞砸，总是关键时刻掉链子，他就是有这样的本事，在明明不可能出错的事情上，以一种匪夷所思的姿态，把事情搞砸。总而言之，言而总之，他们可以将活人气得闭嘴，也可以把死人气得喘气。

要是你的同事中有这样的一个人，你还必须要带着他一起工作，怎么办?

一般说来，无非两个法子。

一是任性，踢出去。在这个适者生存的社会里，带一只猪去闯荡江湖，意味着你在和整个生物链做斗争。来到职场，总得要做事，做事总得要把事做成，如果每天陷入“防火防盗防队友”的焦虑之中，那还是长痛不如短痛，与其活活被拖死，不如一脚踢开。

二是认命，帮着他。同事毕竟是同事，能力本来就有强有弱，有能有不能，互相帮助也是一种责任。最重要的是，领导只看任务完成了没有做得漂亮不漂亮，他不知道你这里还有一个“猪队友”。就是知道了，也不会因此而放松工作要求。最重要的是，你能够在这样的团队成员中完成任务，既突出自己的能力，又树立了同事间的威信，说不定就走上了晋升的通道，这就叫：没有众多的 loser，又如何能让你化身 leader！

当然啦，帮，不是“他弱他有理，你能你活该”，你给他擦屁股，收拾烂摊子，这当然是必不可少的，不是有句话，叫作“好人一生加班”嘛。但要是你能让他做能做的事、做该做的事，而且做得不比别人差，岂不是两全其美？古人对此有个说法，叫作“用其短”。

清朝时期，有个将军，叫杨时斋。此人算不上名将，可治军自有其独到之处。杨将军可能是受人排挤吧，被调到了一支新部队去做将军。杨时斋一到部队，前前后后一番巡视，心里倒抽了一口凉气，这队伍里竟有不少残疾人，想来是没人愿意在这样的部队做将军，才把这个烂摊子推给了他。

这帮人能在军营里拿饷吃饭，肯定是通过各种各样的关系塞进来的，因此，要踢那是踢不走的。看来唯一可行的办法，是让他们闲着，杨时斋的前任就是这么做的。

但杨时斋却把这帮“猪队友”全派了用场。

耳朵聋的人，让他们在司令部里做杂役，比如打扫卫生、收拾东西之类的。司令部是将领们谋划军机大事的地方，连杂役都要挑选靠得住的人，以防泄密。一到重要关头，还要把他们赶出去。但这些聋人，本来就听不见，根本就不用担心会泄密。

哑巴呢，让他们做通信员，专门传递密件。这样，即使被敌人抓获，也不会泄露军机。因为没有密码读不懂密件，哑巴不会说话，敌人就算是严刑拷打，他也开不了口，就算要招供也说不出来话啊。

瘸腿的人，杨时斋派他们去守护炮台。这似乎有点匪夷所思，其实是有道理的。炮台是军中最为重要的阵地，最怕当敌人攻上来时，弃炮而逃。而瘸腿的人，逃是逃不掉的，他只有硬着头皮顶住，坚守阵地。

最后，盲人也派上了用场。一般说来，眼睛盲的，耳朵特别好，杨时斋就让他们做侦察兵，潜伏到敌军阵地前沿，窃听敌军动静。常人听不到的声音，他们却听着清楚。敌军刚出动，这边的盲人伏在地上，就听到老远处一阵阵的马蹄声。

就这样，杨时斋把一帮看起来没用的人，全派上了大用场，他称之为“用其短”，就是用人的短处。其实这也不是用人之短，而是想办法“化短为长”。

像这样“用其短”的，还有唐朝的宰相韩滉。韩滉在浙江做官时，一天，他的一个老朋友带了自己的儿子来见他，请求安排一个职位。韩滉问了半天，发觉此人是一无所长，简直什么也做不了。到了晚上，韩滉要宴请客人，就随口对他说，你在一旁坐着吧，宴会好了再说。等到宴会结束，韩滉才想起此人，一看，他还端端正正地坐在原地方，没有离开半步，也不跟旁边的人说话。韩滉说，行，你就去看管库门吧。这人做了库门吏后，每天一早，就端端正正地坐在库门前，一直就这么坐到太阳下山，无论官吏还是士兵都不敢随便出入，官府库房从此再也没有出过事。

有句话，叫作“垃圾就是放错了地方的资源”，连垃圾都可以成为资源，一个大活人，哪怕是个猪一样的队友，总可以派点用场吧？关键就在于怎么把他放在对地方。

其实不仅是“猪队友”，所有人都有个放对地方的问题。所有的庙里，一进门是个笑容可掬的弥勒佛，看了他的脸心情就舒畅。庙后呢，是个黑口黑脸的韦陀，一脸的严肃认真，一看到心里就发怵。据说这是佛祖的安排，由弥勒佛负责公关，笑迎八方客，于是香火大旺。而韦陀铁面无私，锱铢必较，让他负责财务，严格把关。这就叫高明。你把这两尊菩萨的位置倒过来看看，说不定都要被抱怨成“猪队友”了。

人力资源专家讲过这样一个观点："发现并用好一个人的优点，你只能得60分；如果你想得100分的话，就必须容忍一个人的缺点，发现并合理利用他的缺点和不足。"对"猪队友"，怎样用其短呢？这个其实也简单，无非是三个看清。

一个是看清人。这个所谓的"猪队友"，要看清他的性格，他的为人，他的特点，尤其是看清他有什么长处，能够做些什么，把他派到最合适的岗位上去。深圳有家高新技术公司，在对员工进行综合测评后，"专才专用"，让吹毛求疵的人当产品质量管理员，让谨小慎微的人当安全生产监督员，让斤斤计较的人参加财务管理，化"短"为"长"，人尽其用，大大提高了公司的效益。

二是看清事。你要把"猪队友"派到合适的岗位，先得对自己这个团队有哪些事、需要什么样的人来做，心中有数。这样才能按图索骥，为一件事找到最合适的人。我有个朋友，书读得多，为人也很好，在一家中学做语文老师。可他生性内向，在大庭广众之下连话都说不利索，老师自然是做不好，只能是勉强将就着。后来学校要设个心理辅导员，老师们谁都不愿做，校长却觉得，这个岗位他最合适。果然，当一对一交谈的时候，他变得特别的循循善诱，能说会道，工作做得十分出色，"猪队友"变成了牛队友。这就叫"术业有专攻"。

而世上更有一种人，小事做不好——这也可说是"猪队友"了吧——可他偏偏会做大事，也真是"奇葩"一朵 。

唐朝时有位名臣叫张柬之，年轻时涉猎经书史籍，有"奇才"之称。他中进士之后，做了县丞、长史一类的地方基层官员，基本上可用四个字形容：碌碌无为。这样一直到了七十多岁，才到朝廷做了个监察御史，又因触犯了武则天而被贬到地方为官。不能说他就是“猪队友”，但在大多数朝臣的心目中，这张柬之也真不怎么样。

名相狄仁杰晚年，年老力衰，做宰相颇有点力不从心。武则天问他有无可举荐之人，狄仁杰毫不犹豫地说：“张柬之可以。”过了一段时间，武则天又问狄仁杰有无人才可用，狄仁杰说，我举荐了张柬之，你又不用，还问我干什么？武则天说，我提拔他做洛州司马了。狄仁杰说，张柬之这样的人，是宰相之才，做司马算什么提拔？武则天就破格任命张柬之为秋官侍郎。张柬之从此大展才华，不久果然官至宰相。最后更是在“神龙之变”中推翻武则天，复辟唐朝，立下不世之功。

可见，狄仁杰对“宰相”这个位置认识得很透彻，他知道这个协助皇帝统筹全局的“百官之首”，需要什么样的人来做。张柬之确实做不好地方官，但张柬之这样的人，就是专门做宰相的。能够看出一个蹩脚的地方小官，却是一个高明的宰相，这就是狄仁杰的过人之处。有句话，叫作“很多时候，一个蠢材只是放错了位置的天才”，说的就是张柬之这样的人。

三是看清现实。什么叫现实，就是有些人，真的是什么也做不好，对这样的人，你就得认清现实，在一起工作时，安排他做能够看出一些简单的、不用动脑筋的，又不会出错的事。事实上，一个团队，也确实有这样的工作，也确实需要这样的人。一个团队里，全是牛人，也不见得是好事，有一点层次，有一点差别，聪明人干聪明人的事，笨人干笨人的事，其实也是一种和谐。这，也是上帝的安排。

经典职场论语

智者不用其所短，而用愚人之所长；不用其所拙，而用愚人之所工。——《鬼谷子》

骏马能历险，犁田不如牛；坚车能载重，渡河不如舟；舍长以求短，智者难为谋；生财适贵用，慎勿多苛求。——《杂兴》

用人之短，天下无可用之人；用人之长，天下无可弃之人。——《大智慧》

君子所审者三，一曰德不当其位，二曰功不当其禄，三曰能不当其官，此三者乃治乱之源也。——《管子》

不可能的字在愚人的字典里才可以翻出。——拿破仑·波拿巴

伍

NO. 5

不用跪求也能让同事乐意帮忙？

子贡把同事变成同盟

大概在去年吧，网络红人咪蒙的一篇文章刷爆朋友圈，题目有点吓人，叫作《致贱人：我凭什么要帮你？》，整篇文章说来说去一句话，没有好处就不要想我帮你。很多人都觉得，帮人是一件麻烦的、吃力不讨好的事。

但问题在于，人在职场，请人帮忙是一种常态。

在平时工作生活中，每个人都有自己的岗位，也都有自己的专业，不可能包打天下，做事情往往是需要不同部门不同专业的人来协助完成。大到自己执行的任务需要别的部门专业上的配合和支持，小到自己的电脑出毛病了，PPT 里想配个漂亮的图表，甚至中午有事想找人带个快餐，都免不了要请人帮忙。有句话，叫作“一个好汉三个帮”，其实反过来说也一样：“有三个帮的就是好汉。”如果总是有人帮你，那你就能成为职场上的好汉，你的晋升之路就能特别顺利。

但怎样让人帮忙，也是一门学问，所谓“不帮你是本分，帮你是情分”。

据我观察，同事之间，总是肯帮你忙的，大致是这四种情况：一是你运气好，同事是个“活雷锋”，他就是乐于助人。不过，这种情况，概率太小；二是他和你关系极好，但这种情况，也不是太多；三是他欠你人情，比如你曾经帮过他一个大忙，或者你总是请他吃个饭唱个K之类。所以我们要尽量让自己乐于助人、主动付出，不说道德高尚，说得功利一点，你下次请人帮忙也理直气壮一点。

第四种情况，就是这件事是互利共赢的。你请他帮你做这件事，做成了，对他也有好处，不是单纯的谁求谁或者谁帮谁的问题，而是我们共同在做一件对双方有利的事。我们不但是同事，也是同盟。请人帮忙，你得站在他的角度来考虑问题，寻找这件事跟他的关联点。说得过分一点，也其实也是一种营销。

这第四种情况是本文要着重讨论的。听着有点复杂，说个故事你就明白了。

2500年前的春秋时期，齐国出兵侵略鲁国。齐国是强国，鲁国是小国。但鲁国国力虽弱，却有个了不起的圣人孔夫子，孔夫子门下更有着三千弟子，都是一身本事。眼看祖国有难，孔子就召集弟子共商对策。

对鲁国来说，最理想的方案当然是：一、齐国停止攻打鲁国；二、各个强国实力削弱，再没有力量来攻打鲁国。但听着有点异想天开。齐国已经出兵了，怎么愿意撤兵回去？各个大国更不会无缘无故地对掐。但孔子有个大弟子，叫子贡。这子贡以会做生意著称，他就把营销的本事用到了这一场游说上，去实施这个看起来不可能完成的任务。

子贡先跑到齐国，去见齐国的相国田常。田常是齐国的权臣，总想着取齐王而代之。但齐王没什么大的错误，他就没有理由废除齐王。同时，还有一个掌握兵权的大将军，是田常的政敌，他也不会允许田常为所欲为。田常想做齐国的老大，时时在谋划的，就是如何打击和削弱齐王和大将军的势力。

子贡找到田常，一开口就语出惊人，他对田常说，你怎么能打鲁国呢？你该去打吴国才是。田常问，何出此言？

子贡理直气壮："鲁都的城墙薄而矮，鲁都的护城河窄而浅，鲁国的君主愚蠢不仁，大臣虚伪无用，鲁国的百姓喜欢文化厌恶武力，这样的国家不可与它交战。那吴国城墙高而厚，护城河宽而深，武器装备坚固而崭新，士卒精良而充足，又选派贤明的将军守城，这样的国家就应该去攻伐呀。"

田常一听大为恼火，你这是来搞笑的呢，还是存心来讽刺我？

子贡不慌不忙地说，您难道没听说过这句话吗？忧患存在于内部的，就进攻强大的国家；忧患存在于外部的，就进攻弱小的国家。如今您的忧患就在内部。打鲁国，肯定一战成功，齐王、大将军的威望就上升，你的影响力反倒下降了。而打吴国呢，估计是要失败的，齐王就大失面子，大将军就要被人责问，你不就是大权独揽了？

田常一拍脑袋，对呀，我怎么没想到？不过，军队已经在进军鲁国的路上了，突然掉头向吴，这弯子没法转啊。子贡说，这个容易，我让吴国来打你，你不就可以打它了？

于是子贡就跑到了吴国。吴王夫差此时刚打败了越国，以军事强国自居，正踌躇满志地要做天下霸主。

子贡一见夫差，喜形于色："啊呀大王，扬名立万的机会来了。"这话怎么说呢？眼下齐国无故侵略鲁国，吴国得站出来主持公道正义，攻齐救鲁，这不但树立了吴国"世界警察"的形象，也削弱了齐国的势力，震慑了晋国，吴国不就是公认的老大了？

夫差一听，称霸的机会来了，就说，好的，等我把越国彻底灭了，消除了后顾之忧，就出兵伐吴。子贡说，这你就不对了，你是要称霸天下的，现在却去欺侮弱小，实在有损您的大国形象。你应该保存越国来显示仁义，救鲁攻齐来显示强大国力，这样才能在诸侯中树立你的威望。吴王一听有理，立即出兵奔向鲁国。

子贡紧接着跑到越国。越国被吴王打败后，越王勾践卧薪尝胆，一心想报仇雪恨。子贡对勾践说，千载难逢的机会来了。你派出士兵跟着吴王讨伐齐国，以示忠诚，让吴王对你不加防范。等到吴王与齐国打得不可开交时，你就在他后方狠狠捅上一刀，血海深仇一举得报。越王勾践大喜，依计而行。

子贡这还不算，他又跑到晋国。晋国是老牌强国，但此时实力已经不比当年，如今心里想的，是如何维护强国的面子。子贡就对晋君说，吴国一门心思要称霸，他打了齐国后，肯定还要来打你，好在有越国抄吴国的后路，你要抓住时机，厉兵秣马，把老牌霸主的威风打出来。

此后发生的一切，都朝着子贡预先设想的那样发展。先是吴国与齐国在艾陵大战一场，吴军大破齐国。这更激起了吴王的称霸欲望，果然杀向晋国。不料晋国早有准备，把刚刚经历了一场恶战的吴国杀得丢盔卸甲。越王听到这个消息，立即偷袭吴国。几个大国混战一番，鲁国不但没有遭受侵略，几个大国也没有了再次发动战争的实力，鲁国这个小国，也就在很长的一个时期，过上了太平日子。

说实话，子贡的做法，不是那么光明正大。但鲁国一个小国，又没有任何资源可以和大国相交换，要说动那么多强国为它做事，不花点心思怎么行?

子贡的秘诀就在于，他摸准了对方的需求之后，把自己要做的事，从满足对方需求的角度来说。这样，不像是他请人帮忙，倒像是在帮人家的忙了，双方成了合作的关系。有世界第一行销之神的行销大师杰·亚布拉罕有句名言："把我所有的东西全部拿走，我只要懂得一件事，几年后我还是拥有现在的一切。这一件事，就是与他人的合作。"子贡就是一个最懂得合作的人。

当然，懂得合作，并不仅仅是像子贡这样能说会道。要让同事变成同盟，让人心甘情愿帮你的忙，要在三个方面做得好一点。

一是在求人时态度尽量诚恳。不要把别人的情分，当成你的福分；不要把别人的客气，当成你的运气。请人帮忙，前提是自己努力过了，但确实不会做。如果碰到难题，直接就请人帮忙，这不是让人家当冤大头吗?同时还要跟对方说，他是这方面的能手专家，没有他这个事情就做不下去，突出对方的作用。这样让对方觉得，自己的帮助是非常必要的，甚至是不可缺少的一环。对方就很难开口拒绝你了。

二是平时积累好人缘。说得温情一点，人都是讲感情的，说得功利一点，任何事情都是利益交换。也就是说，同事乐意帮你，必定是你值得帮，不管他是否意识到，实际上就是认为，帮你是不会白帮的，不帮你是说不过去的。

举个极端一点的例子。战国时，燕太子丹要荆轲帮他去刺杀秦王。双方都清楚，不论刺杀是否成功，荆轲是死定了。荆轲之所以答应下来，除了仇视秦国以强凌弱，报答燕太子丹的"知遇之恩"也是很大的一个原因。太子丹"尊荆卿为上卿，舍上舍。太子日造门下，供太牢具，异物间进，车骑美女恣荆轲所欲，以顺适其意"。

荆轲说千里马肝好吃，太子丹二话没说，就把千里马给杀了，挖出马肝给荆轲吃。荆轲随口说美人的手真好看，太子丹立即就杀了美人，把她的手送给荆轲。这样之后，荆轲实际上已没有退路：人家满足了你所有正当的不正当的要求，你还有勇气拒绝人家的请求吗？所以荆轲明知是飞蛾扑火，也只能义无反顾。

因此，平日积累好人缘，其实是一种感情投资。在职场中保持一个好人缘，既能够让自己少树敌，也能够让同事在一些时候帮助自己。我们当然不能说，平日积累好人缘，是为了关键时刻把人给“套牢”，但国人一向讲究“礼尚往来”，天下没有白吃的午餐，只有平日多帮人，才能在关键时刻找到帮你的人，这叫“宜未雨而绸缪，勿临渴而掘井”。

三是站在对方的立场来说话。职场上，很多人信奉“多一事不如少一事，少一事不如没有事”。因此，小事请人帮忙，嘴巴甜一点，话好听一点，或者请吃个饭之类的就可以了，真要有大事请人帮忙，那一定要从对方的立场来考虑，这事，对他有什么好处。

美国管理学专家马歇尔·古德史密斯有句名言：“如果想让你做一件我希望你做的事情，我必须证明这样做对你有利。”就像子贡说服齐国、吴国一样，让对方觉得，这同时也是在为自己做，这样自然就有了积极性。因此，你必须要找到这件事与对方的关系，给对方带来什么样的利益，才能把求人变成合作。

有个著名的营销案例。麦当劳最开始不过是一家街边的汉堡店，跟它一样的汉堡店有许多。麦当劳要做大，无非两条路，一是把对手全部打趴下，二是让对手帮它卖汉堡。做到前者显然还没有这个实力，后者更是异想天开——让人家来做你的生意，这怎么可能？但麦当劳自有妙计。它的做法是，花大代价把它的生产流程和管理流程规范化，大大地提高了生产效率。然后免费把这套流程送给别的汉堡店——这不是帮对手的忙吗？是，但又不是。因为赠送流程是有条件的，就是这家汉堡店必须成为麦当劳的连锁店，交给麦当劳一定的品牌费用。

这样一来，对麦当劳来说，几乎没花什么成本，就凭空得到了一笔利润，加盟的店一多，这利润就极为可贵。更重要的是，把竞争对手的空间大大压缩了。而对别的汉堡店来说，不花一分科研费用，就得到了一份完备的生产流程和管理流程，降低了成本、树立了品牌，凭此可以多赚一大笔钱，拿出其中一部分给麦当劳，又有何不可呢？

麦当劳的高明之处，就在于把“为我做”和“为他做”这看似对立的两件事，变成了你中有我我中有你的一件事。对方在帮麦当劳赚钱的同时，还要感谢它。这才是请人帮忙的最高境界。

那么，你或许要说，要是一件事从头到尾跟对方一毛钱的关系也没有，怎么办呢。那我只能说，除非对方是你爸爸，否则就免开尊口吧。

经典职场论语

单个的人是软弱无力的，就像漂流的鲁滨孙一样，只有同别人在一起，他才能完成许多事业。——亚瑟·叔本华

站在自己的立场上，守住应该有的利益，相信应该相信的话，这才能活得更好。

每个人，其实都不是很关心、也不太能体会别人的请求之迫切。只有当这事对自己有好处的时候，他才会有感知。

陆

NO. 6

你的身边有没有“小透明”？

丙吉善用“秤砣虽小压千斤”

“鸡鸣狗盗”是一个脍炙人口的故事。大名鼎鼎的“战国四公子”之一孟尝君，遇上了险情。关键时刻，帮助他脱离险境的，是两个不知名的小人物，而这两个人物不过会两样不上台面的小伎俩：钻狗洞、学鸡叫。可见小人物有时也会派上大用场。

有个小伙子，在一家公司里做文员，做一些档案管理的事。小伙子长得白白净净，人也规规矩矩，每天准时上班，准时下班，话更是不多。有时办公室里大家聊得热火朝天，他也只是在一旁听，偶尔问他，也是笑笑不说话。单位里各种年会、运动会、春游、书画培训，也基本也不大参加。这小伙子还挺宅，周末也不见他出门，同事聚会，叫了几次都推托有事，大家渐渐也就不叫他了。慢慢地，就有点“边缘化”了，有时请年休假一星期不来，大家似乎也没啥感觉。而他呢，好像对这种默默无闻的境地还挺自得其乐的。“小透明”说的大概就是他这样的人吧。

一日，上级部门来检查工作，带队的是个挺年轻的领导，看起来似乎有点“高冷”。中午聚餐，大家想把气氛调动起来，就围绕着领导，聊时事、聊历史、聊养生，有人还说了几个网上流传的“段子”。领导只是客套地应几句，好像都不大感兴趣。

这可尴尬了，主宾的“频道”对不上，这顿饭就等于没吃好，那可是要影响“检查”的效果的。主陪的领导脸上依然是满面春风，心里却暗暗着急，后悔事先没做“功课”，不去打听这领导的业余爱好。这时不知是谁，顺口说了一句某款新上市的游戏，领导眼睛一亮，头头是道地说了起来。可这下，轮到大家不知怎么接口了。不料，刚才一言不发的小伙子，却一下来了精神，滔滔不绝地接了上去。领导好似遇上了知音，两人你一言我一语，神情轻松、气氛热烈，不时还不约而同地笑起来。

有人说，进公司三年多，这小伙子加起来的话也没有今天的多。这顿午餐，自然也在热烈友好的气氛中结束了，说得上是皆大欢喜。后来知道，这小伙子，正是这个电游论坛里的大神，领导呢也特喜欢这游戏，不过还是个“菜鸟”，平日在论坛见了这小伙子，绝对是带着仰慕的眼光的。想不到今天见到了“真人”，那真是有如粉丝见了明星，自然要好好交流一番。这件事后，小伙子在单位的知名度一下提高了，大家都感叹，人啊，真是不可貌相。

这个小伙子，让我想起了西汉丞相丙吉与车夫的故事。

丙吉是汉宣帝时的丞相。他是个很有意思的人。有一次他在大街上看到有人斗殴，他竟然视而不见，自己走自己的路。但一会儿，但看到一头牛气喘吁吁的，就大惊小怪，派人去问这牛是怎么啦。有人就说他身为丞相，大事不管管小事。丙吉说：“这世上，哪一天没有打架斗殴？打伤了打死了，自有长安令、京兆尹来处理，我用不着插手。而现在正是春天，牛却直喘气，就要考虑是不是季节失调，会有什么自然灾害，好预先防备。这才是三公要管的大事。”可见，对于大事还是小事，丙吉自有他的一套看法。同样，对于大人物小人物，丙吉的眼光也是很独到的。

丙吉的车夫，是个嗜酒如命的人，那时还没有酒驾的规定，所以这车夫有事没事就喝上几两。一天他喝得酩酊大醉，竟在丙吉的车子里吐得一塌糊涂。管理车夫的官员吓坏了，立即向丙吉请罪，并说要把这车夫开除。丙吉喝着茶，摆摆手，头也不抬，说，不就是喝醉了酒吗，吐了也正常，把车子弄干净就行了，开除他干什么？这车夫本来以为这下死定了，见丙吉如此宽宏大量，心下十分感激。

一天，车夫在街上闲逛，看到边境报信的驿骑飞奔而过，这车夫从小在边境长大，知道必定有紧急的军情。于是他跟着驿骑，来到驿站，向报信的驿夫打探边境的情况，知道是外敌侵入云中、代郡。车夫马上回来，向丙吉做了详细汇报。丙吉一听敌军入侵，情况紧急，立即就开始作了筹划。不一会儿，汉宣帝接到军情，马上召集丞相丙吉和御史大夫商量。丙吉胸有成竹，一五一十地把自己的安排说了。汉宣帝大为满意，说，看得出你一直在关注边境之事啊。御史大夫呢，“猝遽不能详知”，根本就不知道这回事，一下子摸不着头脑，仓促之下哪里还有什么主意。汉宣帝就不客气地批评了御史大夫几句。

丙吉出来，感叹地说，没有人是不能宽容的，能力也是各有长短的。要不是车夫事先汇报，哪能看出丞相日常的操劳呢？

车夫对于丞相来说，自然是小得不能再小的人物，丞相完全是可以把他当作“小透明”的，但关键时刻，丞相的功劳还得靠他来体现。有句玩笑话，说司机是管“方向”、抓“路线”的，这当然是调侃，但有时也是实情，要是开车时方向错了、路线错了，你官再大，也是一点办法也没有。

春秋时候，宋国有个大将军，叫华元。这华元是宋国的贵族，平日也是高高在上。当时宋国投靠了晋国，引起了楚国的不满，楚国就令自己的“小弟”郑国去讨伐宋国。公元前607年，宋郑之战打了起来。战前，为了鼓舞士气，宋军主帅华元杀了几百头羊犒劳全军，每人喝上一碗羊羹。可能也是无意，把华元的车夫羊斟给忘记了。喝羊羹在当时是一件很难得的事，有人就提醒华元说，羊斟还没有喝上呢？华元醉醺醺地将手一挥：“一个车夫，忘了就忘了。喝羊羹的事，我说了算。”

第二天，宋、郑两军对阵，刚一开战，羊斟就驾着华元的战车，快马加鞭，一路狂奔，向郑国的阵营冲去。

华元又惊又怒，说：“羊斟你这是疯了吗？”

羊斟一阵狂笑，说：“分羊羹的事，你说了算；驾车的事，我说了算。”自投罗网的华元成了郑国的俘虏，宋军也因此而大败。就这样，车夫一生气，后果很严重，主帅当俘虏，军队吃败仗，这就叫一碗羊羹引发的血案。羊斟“以其私憾，败国殄民”，典型的以私害公，当然应该受到谴责。但华元忽视了小人物而导致一场战争失败，也不能不说是个深刻的教训。

重视大人物，轻视小人物，要说这也是人之常情，也说不上是势利眼。因为不管承认不承认，人有所付出总希望有所回报，而显然，因为拥有资源的不同，大人物的回报，相对要丰厚得多，这也是可以理解的。

但事实上，大小并不绝对，二者可以转换。李白说，天生我材必有用，再平凡的人，身上也会有别人所没有的闪光点；再庸碌的人，也会有别人所不具有的才能。小人物就像一枚小小螺丝钉，用在关键之处，就能推动大机器的运转。

因此，是否深谙人脉之道，从对小人物的识与用上完全可以体现出来。比如汉高祖刘邦，他手下的大将功臣，几乎全是市井小人。萧何是小吏，陈平是游士，樊哙杀狗的，灌婴是贩布的，娄敬是赶车的，彭越是强盗，周勃是吹鼓手，韩信是无业游民，还受过“胯下之辱”，但刘邦就是敢用也善用这样的“小人物”，把“小人物”用成了“大人物”。

曹操也是如此，他最善于在小人物身上发现其蕴藏着的“治国用兵之术”。所谓“知人善察，难眩以伪，拔于禁、乐进于行阵之间；取张辽、徐晃于亡虏之内，皆佐命立功，列为名将；其余拔出细微，登为牧守者，不可胜数。是以创造大业，文武并施”。于禁、乐进是战场上冲锋陷阵的下级军官，张辽、徐晃更是逃犯，他们都被曹操破格提拔，成为名将。这就是曹操的过人之处。

刘邦当年是一个乡里的亭长，朱元璋当年是一个小和尚，后来都堂而皇之地做了皇帝，这样的事，谁说得清呢？有时候对小人物的判断，很可能只是一种人为的偏见与误解，他们根本就不是一个小人物。当然，我们不是因为他日后要飞黄腾达才重视他，对同事和善、客气，一视同仁，本来就是应该的嘛。

所以，在一个单位，你对每一个同事，应该是一视同仁，从一把手到门卫，全是一样，不应分三六九等。不能见了领导恭恭敬敬、唯唯诺诺，见了“小透明”就趾高气扬，真把人家当透明，这样做，且不说会不会有朝一日栽在“小透明”手里，同事们看了，也会觉得你太势利了，即使是被你点头哈腰的领导，也可能会看你不起的。因为，一视同仁，其实是反映了人的一种优秀品质。所以，对所有同事一视同仁，这是要牢记的第一点。

当然，你会说，人的精力有限，只能抓重点，只能把我的“重视”放在上司身上。你可以有区别地对待，这个大家也理解，但你不能把上司当一尊菩萨来拜，把“小透明”当空气一样视而不见。你见了上司赶紧小跑几步上前问好，你见了保安，就微笑点头，保安也就满足了。不要在电梯里面对面，硬是装作看不见，商场里碰到，假装不认识，这个就过分了。说句难听的话，上司那里，贵人事多，谁恭恭敬敬他可能不记得，谁不恭不敬他肯定记得。而“小透明”呢，本来心态就有点微妙，你对他客气热情，他记得特别牢，你对他冷漠鄙视，他记得也是特别牢。

说句功利的话，领导那里，尊敬、恭敬、崇敬见得多了，多你不多，少你不少，大概不会想到要回报你。而“小透明”呢，你一个无意的举动，也会让他感动，就想要回报你。而一个蔑视的行为，也会让他刻骨铭心，就像华元的那个车夫一样，为一碗羊羹而报复。

奥地利著名的心理学家亚德勒，有一个著名的观点：“对别人不感兴趣的人，伤害人越深，他一生中的困难也最多。人类的失败大都出于这种人。”也就是说，即使是“小透明”，看似没有存在感，其实也一样希望得到关注，喜欢被重视。当你重视了一个别人都不重视的人，那么，这个人对你的回报也是分外的丰厚。

经典职场论语

猫也有权看国王。——英国谚语

我们任何一个人都喜欢得到关注，都喜欢被重视。当你这样对待你身边的每一个人的时候，你就是一个不同凡响的人了。——《谁都喜欢得到关注》

永远不要忽视小人物的作用，有时候历史就是由一些不知名的小人物改变的。

对众人一视同仁，对少数人推心置腹，对任何人不要亏负。——威廉·莎士比亚

柒

NO. 7

怎样与“卖老族”相处？

陆逊以“三讲”折服老将

一个团队中，谁最有话语权？这个当然不可能有明文规定，但身在职场，每个人其实都是心知肚明的。说起来无非是“三看”：一看职务，毫无疑问，谁是领导谁说了算；二看资历，一个人在部门里资历深、根底牢、人脉多、底细清，上上下下都要卖他几分面子；三看业务，专业尖子，团队出业绩要靠他打头阵，说话自然有分量。

一般说来，做主管的往往是资格老、业务精的，这个话语权就自然不成问题。但也有特殊情况，比如领导是个“空降”的年轻人，而下面却有几个资格老、业务精、有影响力的骨干，这个就有点微妙了。而恰恰有些老资格呢，对年轻的同事，甚至是新来的领导，就喜欢倚老卖老，处处要干涉、事事要指导，有时候还会居高临下地数落几句，弄得你面红耳赤无地自容。

碰上这样的“卖老族”，是件很头痛的事。你要总是让着他吧，一开始就吃了个“下马威”，以后工作就更难做了。你要不听他的吧，他就会说你年轻人不谦虚，甚至暗地里给你下个套也不是不可能。所以，怎样与“卖老族”相处，也是很考验职场智慧的。

三国时候的曹爽，就不懂得这个道理。他因为是皇亲国戚，占了血统的便宜，才得以与老谋深算的司马懿一起，共同辅佐八岁的幼帝曹芳。

司马懿历经了曹操、曹丕、曹睿三代曹魏的领导人，几十年摸爬滚打，从一名基层官员一步步升到大将军、太尉，是名副其实的老资格，论经验、论资历、论手腕，做曹爽的老师都绰绰有余。但曹爽不知深浅，忘乎所以，以为自己的本事很大，企图大权独揽，一个劲地打压、排挤司马懿。而司马懿呢，他也不跟你正面冲突，而是不动声色，表面退让，还假装生病，在家里休养，以麻痹曹爽。暗地里却密谋策划，结党营私，终于趁着曹爽外出，发动了“高平陵之变”，将曹爽及其党羽一网打尽，诛灭三族，彻底掌握了朝政。

而同样是在三国，还有一位年轻人，在与老资格同事的相处上，就把握得很好，最后不但得到了老同志们的支持，还打了一个大胜仗，成了一代名将。他就是吴国的陆逊。

魏黄初二年（公元221年），刚刚做了蜀汉皇帝的刘备，要为他的结拜兄弟关羽报仇，御驾亲征，带了数十万大军来攻打东吴。因为在前一年，东吴偷袭了荆州，杀死了蜀国镇守荆州的大将，与刘备情同手足的五虎上将之首关羽。刘备不顾诸葛亮等人的劝谏，铁了心要为义弟报仇，全国的兵力倾巢而出，一路气势汹汹地杀过来。蜀军势如破竹，东吴是连战连败。东吴皇帝孙权惊惶失措，先是想求和，被刘备拒绝。于是就任命陆逊为大都督，率军来抗击蜀军。

这时候的陆逊，年纪不过 38 岁，也没有打过什么大仗。当时东吴的大臣如张昭、顾雍等都认为，陆逊乃一介书生，年纪轻声望低，怕各位老将不服，生出祸乱。应该说，这样的担心并非多余。

陆逊所带领的团队中，有黄盖、韩当、周泰、朱然等一批名将。像韩当，相继辅佐过孙坚、孙策、孙权三代吴王，在赤壁之战、三江口之战、濡须口之战、荆州之战中屡立大功。黄盖、周泰、潘璋、徐盛等也都是东吴的开国功臣，几十年来出生入死，战功卓著。朱然虽然跟陆逊年纪差不多，但他当年曾和孙权一起读书，跟孙权的关系非同一般。现在来了陆逊这样一位白面书生做主管，都有点不服气。

连陆逊自己也对孙权说："江东文武，皆大王故旧之臣；臣年幼无才，安能制之？"孙权当然也想到了这一点，在陆逊走马上任前，特意给予他"假节"的待遇。"节"是皇帝的信物，武将"假节"，相当于后世所谓的"尚方宝剑"，在战时状态下可以不必请示，直接斩杀触犯军令的将军，这就是我们常说的"先斩后奏"。在古代君王的所有授权方式中，这是规格最高的。

有了这样的权力，陆逊该是很神气活现了？但他没有。他先是把大家召集起来，开了个通气会。陆逊说，现在刘备大兵压境，国家处于生死存亡之际。我们大家都深荷国恩，应该同心协力，互相支持，如果互相抵触、拆台，那就是不顾大局了。接着他又说，各位比我资格都要老，皇帝让我来带这个团队，就是觉得我还有点能力，也能够与各位合作得很好。诚心诚意地请各位暂时委屈一下，团结一心，共赴国难。

陆逊这番话，实际上是向各位老将表明一个态度，皇帝对我很信任，我对大家很尊重，希望大家能给我个面子。这个态度，就叫作不卑不亢。

陆逊与刘备对抗，他采用的后发制人的战术。蜀军远道而来，粮草都是从千里之外运来，劳民伤财，一心想尽快结束战争。吴军就坚壁清野，跟你耗，等到蜀军耗不下去了，吴军就能以逸待劳，一举击败蜀军。所以无论蜀军如何挑衅，陆逊就是高挂免战牌，只当没听见。然而这样一来，一干老将们就有点想不通了。想当年他们身经百战，怕过谁？哪有敌人打到面前也不还手的？这也太窝囊了。陆逊这小伙子，没打过大仗、恶仗，胆小怯战，如何能当大任？于是老将们纷纷要求出战，陆逊也很干脆，一概不准。这下老将们更有意见了，说话也就有点没轻没重，甚至说陆逊是“乳臭未干”。陆逊召集众将，亮出“假节”的底牌。他握剑在手，厉声说："我虽是一介书生，既受重任，就敢负责。这仗怎么打，我说了算。你们要做的，就是把自己的关口守好，不许轻举妄动。如有违令者，立即斩首。"

众人想不到看起来文质彬彬的书生，也会这样的声色俱厉，就再也不敢多说。

坚守了几个月后，蜀军士气逐渐低落，陆逊则找准了蜀军沿山扎寨的重大缺陷，采取火烧连营的计策，火烧刘备连营七百里，蜀军的舟船器械，粮食装备，全被烧光。几十万将士的尸体顺流而下，把长江都塞住了。这一仗，史称“夷陵之战”，与官渡之战、赤壁之战，并称为三国史上最著名的三大战役。

吴军取得空前的大胜，刘备狼狈败逃秭归，死在了白帝城。蜀国从此再也没有缓过气来。这一仗打下来，众多老将们这才觉得陆逊这小伙子真的是有本事，从此心服口服。陆逊也继周瑜、鲁肃、吕蒙之后，成为吴军的又一任统帅。

陆逊与比他大上二三十岁的老将们共事，老将们从轻视到不服到折服，在于他做到了三点。

第一点，小事讲风格。作为晚辈，面对前辈时，在平日的工作中，如果不是大是大非的问题，就不妨姿态低一点，态度诚恳一点，面子给得足一点。其实不论是谁，年纪大了，最在乎的，就是后辈的尊重。陆逊也是这样，他走马上任，首先就对老将们摆出了很大的尊重，说我到这里来，是委屈了各位。这话，就是一个后辈的姿态。大胜之后，孙权接见陆逊，对他说，当初老将们不服你，你怎么不告诉我一声，我一出面，不就摆平了？陆逊说，这些老将们，都是立过大功的，也是很会打仗的人，以后是要派大用场的。如果单靠皇帝的权威来压制，以后他们就不会同心协力。我要像蔺相如对待廉颇那样，以诚相待，这样才能把国家的事情做好。

陆逊这里所说的蔺相如，是战国时的一位名臣。他在“完璧归赵”和“渑池大会”两场重要的外交对抗中，凭借智慧和勇气，折服了强大的秦国，维护了赵国和赵王的尊严，更给国家赢得了战场上得不到的利益，所以由宦者令舍人这样一个低级官员很快就升到上卿，比名将廉颇的地位还高。

廉颇自恃资格老、功劳大，耻居蔺相如之下，扬言要羞辱相如。蔺相如为保持将相和睦，不使外敌有隙可乘，始终回避忍让。蔺相如这种善自谦抑、相忍为国的精神最终感动了廉颇，亲自到蔺相如府上“负荆请罪”，二人成为刎颈之交。

陆逊自比蔺相如，把老将们比作廉颇，可谓是“表扬与自我表扬相结合”，孙权听了，大为赞赏。我想，这话肯定也会传到老将们耳中，他们听了，也是大为受用：陆逊这小子，嫩是嫩了点，懂事还是很懂事的嘛。

第二点，大事讲规矩。就是说，在重大问题上，那是不能含糊的，原则性一定要强。你要是因为对方是老同志，就退一步，含糊一下，形成了习惯，那以后工作就没法开展了。陆逊定下了“以逸待劳”的战略，这是原则性的大事。当时老将们反对，他就不能说，你们说的也有道理，我们坐下来商量商量，而是态度坚决，告诉他们：“仆虽书生，受命主上。”我是受吴王委派来这里的，你们必须要听我的。又说：“诸君并荷国恩，当相和睦，共翦此虏，上报所受，而不相顺，非所谓也。”你们这样以下犯上，是极其错误的。最后斩钉截铁：“违令者斩。”一点余地也没有。

这实际上也是在树立自己的权威，显示自己的自信，这样做，反而能赢得对方的尊重。以后再遇上这样的事，就知道你的底线在哪里。

第三点，最终讲业绩。无论是哪个公司部门，要让大家认可你，说到底还是靠业绩说话。陆逊就是在夷陵之战中，以少胜多，打了一场痛快淋漓的大胜仗，用事实来证明，他确实是有本事，他的策略确实比大家的高明。这还有什么好说的呢，当然是心服口服了。所以新人碰上老资格，最重要、最关键的，还是要拿出真功夫来。

同样是在三国中，刘备“三顾茅庐”请来了诸葛亮，关羽、张飞这两位老资格就有点不服，他们年纪比诸葛亮大了二十多岁，他们跟刘备打天下时，诸葛亮还在隆中隐居，每天吟吟诗，睡睡懒觉，凭什么他一上来，就要来压我们一头？他们甚至对刘备说：“孔明年幼，有甚才学？兄长待之太过。”你给他的待遇太高了，别给他忽悠了。而诸葛亮也像陆逊一样，在用兵问题上不容置疑，声称“违令者斩”。博望坡一战，诸葛亮初试牛刀，出奇计，一把火烧得曹军尸骨累累，取得了一场大胜。关张这才知道，这年轻人确实了不起。两人由衷地说“孔明真英杰也”，从此甘心服从诸葛亮的调遣，诸葛亮也一举坐稳了军师的交椅。

小事讲原则，大事讲规矩，最终讲业绩，做好这三点，老资格就不会成为你的“阻力”，而是成了你的“助理”，成了你工作上的好帮手。

经典职场论语

君子上交不谄，下交不渎。——《易经》

使人惧不若使人爱，使人爱不若使人敬。——李悝

宽以济猛，猛以济宽，政是以和。——《左传》

人好刚，我以柔胜之；人用术，我以诚感之；人使气，我以理屈之。——《进德录》

捌

NO.8

怎样不伤感情地拒绝同事请求？

苏东坡教你轻松 say no

明明是自己有道理，却弄得像欠了人家似的。这是什么情况？

当同事请你帮忙做件事，你不想做，却怎么也拉不下脸来拒绝的时候，就是这种情况。

你心里憋屈倒也罢了，说不定从此就结了个对头，你说冤不冤？

朋友老汪的女儿，去年刚大学毕业，到一家单位工作。办公室里有一位老大姐，恰好住在同一个小区，就以前辈的口气，大大咧咧地说："小汪啊，以后下班我就搭你的车啊。"

小汪当时也有点为难，但初来乍到，毕竟不好当面拒绝，就说："好啊好啊，反正也是顺便么。"

几次便车搭下来，这老大姐把搭便车，当成了理所应当的福利。有时还会说："啊哟，我这个表格还没做好，你等我十分钟啊。"

而小汪晚上要加班呢，还得跟她汇报："我晚上要加班，不好意思，要不你自己先走吧。"如此这般地几个月下来，谁受得了？更何况小汪刚出校门，同学朋友之间吃饭喝茶逛街的事很多，哪能天天给她做"专职司机"。以至小汪看到要下班了，就开始烦恼起来。再后来，就开始编借口了，想方设法不让这大姐搭便车。大姐也是人精，这点"小把戏"一眼就看穿，于是就不高兴了，开始在办公室里，在领导那里说小汪的坏话了。可怜小汪刚工作没几个月，就结结实实地把一个前辈给得罪了。

这事说起来，其实挺可笑也挺简单的。车是小汪的，凭什么一定要让你搭便车，是你人品爆棚啊还是德高望重？一声"不行"不就完了吗？但事实上，"拒绝"这件事，对许多人来说，往往比付出还难。

怎样不伤感情地拒绝同事的请求？宋人张邦基的《墨庄漫录》里，记载了一个大文豪苏东坡拒绝人的故事。

苏轼苏东坡，和他的弟弟苏辙，都是当时的大名人，官做得不算大，影响力却绝对不小。有个苏家兄弟当年的老朋友，想让苏辙帮忙谋个差事，苏辙委婉地拒绝了。这人不死心，想想苏辙最听大哥苏轼的话，就想从苏轼这里来个"曲线救国"。苏轼自然知道他的来由，倒上茶，相对坐下，也不等他开口，就跟这位老朋友说起了一个笑话。

苏东坡说，从前有个人，家境贫困，实在过不下去了，就干起了盗墓的营生。他先挖开一座坟，里面的人竟然裸体而卧。这人对盗墓人说："我是西汉的杨王孙，你难道没听说过，我是因主张裸葬而出名的。我裸身而葬，哪有什么东西可给你？"

盗墓人只得换了一座坟，费了老大的劲，进入墓中。墓中竟是一个国王，这下可发大财了吧？哪知国王说了：“我是汉文帝啊，生前我专门下诏，规定我的墓葬中不得有金银首饰，只能用瓦器陶器，这里实在没有值钱的东西，真是不好意思啊。”

盗墓者不甘心，东转西转，看到有两座坟墓连在一起，十分高兴，心想，总有一座有收获吧。他便马上动手先挖左边这一座。打开后，里面的那人说：“我就是那个不食周粟而被饿死在首阳山的伯夷，我连吃的也没有，哪有什么东西能给你啊？”盗墓人说：“行，行，你别说了，我到右边那座去看看。”伯夷笑了：“我看你还是算了吧，右边那座埋的是我弟弟叔齐，我们两个是一块饿死的，你看我这副样子，他能好到哪儿去？”

苏东坡讲到这里，那老朋友先是一愣，然后哈哈大笑。再也不提求职的事，喝了一会儿茶，聊了一会儿天，就走了。

苏轼自然不是无缘无故说笑话，他的意思是，我也知道你是不得已才来找我的，就像那个盗墓人一样，也是没办法了才想到去盗墓。但我和苏辙呢，就像伯夷叔齐两兄弟一样，实在没有什么能力可以帮你找一份工作。来人当然也理解了苏轼的这一番苦心，觉得苏轼虽然没有帮上忙，但对自己还是很上心的，也就没什么不高兴了。

同事间互相帮助，乐于助人，这当然是应该的，但这里也有个是否合理是否过分的问题，也有个量力而行、力所能及的问题。一般说来，是否答应同事的请求，有两点必须考虑，一是要确定自己有没有这个能力。明明自己对能否办成毫无把握，或者是自己要面子，或者是怕让对方难堪，甚至轻信对方说的“这事非你不可”一类的话，勉勉强强地答应了别人，劳心劳力，最后又办不成，这样不但自己觉得很累，也浪费了对方的时间和机会，还会让对方觉得你不可信。

二是要摆正自己的心态。什么心态？就是帮助别人是你的善良，拒绝别人是你的自由。即使是自己有这个能力，但觉得可能会给自己带来一些麻烦，或者要耗费自己较多的时间和精力，这就要考虑是不是值得。任何人的时间都是很宝贵的，乐于助人的前提是你能够掌控自己的生活。把别人的事当成自己的事，这是圣人的境界，一般人用不着对自己有这样的高标准。所以，拒绝人，并没有什么好内疚的。

当然，无须内疚，并不是说，可以直截了当地，或者不假思索地拒绝，这可能也是一种做人的风格，但如果能在不伤感情的情况下，像苏东坡这样在轻松友好的气氛中说一声 NO，当然是更好了。

在拒绝人这件事上，苏东坡的故事，至少有三个方面值得借鉴学习。

第一，你不一定要讲道理，但一定要讲感情。也就是说，你是拒绝了这件事，但没有拒绝这个人。这件事我是帮不上你了，但我们还是同事还是朋友。说实话，拒绝人家的请求，这样的道理无论如何是讲不圆的。

别人找上门来，你难道说，你这个请求是没有道理的是不对的。或者，这事你花点力气也可以做到，为什么要我帮你？再或者，这事我帮了你，你就永远不会自己做。道理讲得最好听，无非是要说明，我拒绝你是合情合理的。但从对方的角度来看，你不肯帮忙也就算了，还要说出一番理由，还要来指责我的不是，这也太过分了。无论你编出多少理由，拉出多少垫背的，给人的印象就是巧言令色，很可能对你从此就会心怀芥蒂，甚至满腹怨气。

所以即使是拒绝人，你的态度，你的语气，要让他感受到你是很在乎他的，你真的不想冒犯他，但这事，也真的是没法办。就像苏东坡，他是用说笑话的方式，来说NO的。这其实是向朋友说，我不想让你尴尬，你也不要让我尴尬，你有你的难处，我也有我的难处，我们就互相体谅一把吧。

第二，不一定要解释为什么，但最好能说怎么办。很多时候，我们拒绝同事时，怕自己显得寡情薄义，就挖空心思解释一番，因为这个，因为那个，我也想帮但上级不允许，现在时机不对以后或许有机会，如此等等。但往往，你解释得越多，越容易让别人误会，好像是你故意把这事说得很难，以抬高自己的身价，或者好像是故意留一点希望给他，让他不断求你。这给人的印象是很不好的。

其实，解释得再动听，最后也是拒绝，说多了反而让别人觉得虚伪，不如诚恳地向对方说一句“十分抱歉”。当然，有时候有能力，你也可以给对方出出主意，我拒绝了你，那是我爱莫能助，但我可以给你指条路，你可以尝试一下。你没有答应他的要求，但你同时给他指了一条路,也是表示自己的诚意。不管这事成不成，人家都会领你一份情。

第三，不一定要当场拒绝，但决不能一拖再拖。心理学上有个“一致理论”。就是说，如果你承诺了什么，却没有做到，就会在心中产生负疚，前后不一致会导致自身的痛苦。这个理论告诉我们：不想做的事情一开始就不要答应，一旦答应了，对方和自己都会对此产生期待，这个期待如果没有被满足，比一开始就拒绝带来的痛苦和伤害要更大。

比如人家请苏东坡帮忙求职，苏东坡不想帮也不能帮，说个笑话，人家一听弦外之音，也就知难而退了。但苏东坡没有说，这个事啊，有难度，我想想办法看。或者说，这几天比较忙，等空下来，我找司马光、王安石说说看。过了几天，人家又来找了，苏东坡这才说，这事啊，其实我真是做不了。那这老朋友肯定很不高兴，不愿做你老苏早说啊，别浪费大家的表情啊，你这是在玩我呐。所以，拒绝这件事，最合适的做法就是行就行，不行就不行，千万别装。

你以为直接拒绝怕人家难堪，想把场面做得好看一点，其实呢，往往到最后，难堪的是你自己。你不想付出还想当好人，世上哪有这么便宜的事。拒绝这件事，最简单也最靠谱的做法，那就是行就行，不行就不行。实实在在地拒绝别人，既是尊重对方，也是尊重自己。

最后送大家一句话：拒绝别人，是我们这辈子绕不过去的坎。既然爬也要爬过去，我们不如用优雅的姿态翻过去。

经典职场论语

人际交往的最高技巧，就是能掂清自己在别人心中的分量。

有来有往是好事，单方面的付出叫什么，叫牺牲。一个人有多少东西可以牺牲，牺牲掉了，就完了，就没有了。——《我的前半生》

每个人都是自恋的。无论你喜欢与否，交朋友和做好你的工作一样重要。

善良是优点没错，但不能成为你的弱点。好心多了就变成软弱，感谢多了就变成理所当然。适当放高姿态，所谓温柔，不过是看用在谁身上。

少作承诺，并保证它们的信誉。一旦作出承诺，无论付出多大代价都要实行。

玖

NO.9

同事背后议论自己怎么办?

吕蒙正以“无招胜有招”

有一句俗话，叫作“谁人背后不说人，谁人背后无人说”，没有一个人没在背后说过人家，也没有一个人不被人家背后说过，可见，背后议论也算是人性的一种了。当然了，我们应该尽量地约束自己，不在要背后随便议论别人。但你可以管住自己的嘴，却管不住别人的嘴，别人要说你照样说你。尤其是同事，大家在一个锅里吃饭，更有着种种微妙的关系，被人背后议论是免不了的，过不了这一关，你在职场上就不能算是成熟。

比如说，一位“热心”的大姐，会悄悄地对你说：“小张啊，你看看你跟小李那么好，他还在外面说你，真是知人知面不知心哪。”或者呢，你某天在洗手间呢，听到外面有两个同事在聊天：“你知道小张最近业绩上得那么快，是怎么回事吗？哪是他自己的本事？全是周总在后面撑腰。他们两个的关系，不一般呢。听说他经常拎着大包小包往周总家跑。”这个小张呢，不用客气，自然就是你了。

听到这样莫名其妙、无中生有的议论，怎么办？冲出去，找到那个人，是争论一番？还是干脆吵上一架？

来来来，我来跟你说，你第一要做的，是高兴。

高兴？人家在说我坏话，我还要高兴，我这是脑子进水了吗？

当然不是，你又不是饮水机，脑袋里怎么会进水？背后有人说，当然是件值得高兴的事。

有这么一个故事。说的是台湾著名的诗人余光中，一次，有人问他，李敖——就是那个很会骂人的台湾作家——老是在骂你这个不好那个不好，怎么你连一句回应也没有啊？余光中微微一笑，说了一句名言："天天骂我，说明他生活里不能没有我；而我不搭理，证明我的生活可以没有他。"余光中真是一个有智慧的人，有人骂，说明有人关注你，有人在乎你，说明你是有价值的。

即使是一个手机，被抱怨被挑刺的是什么手机，是苹果，是华为。为什么？因为用的人多啊。如果一款手机从来没被人提起过，那就离淘汰不远了。职场上也是这样，人在江湖飘，哪能不挨刀。如果有一天，你变成了被议论的对象，这表示你已经从职场小白成长为熟练工了。试想，谁会对一个无所作为无声无息的"小透明"下"刀子"？一个从来不被背后议论的人，如果不是圣人，那只能是个庸人。

平时不表态、不说话，成绩平平、默默无闻的人，自然不会有人说他什么，但也不会有人记得他。有人议论你，说明你已经具备了"被说"的资格。这就叫作："冷嘲热讽是对你的赞赏，闲言碎语是为你的精彩鼓掌。"所以，假如有一天你真的听到背后有人议论你，那就微微一笑，放松心态，对背后议论做出一个适当的应对。

什么叫"适当应对"，宋朝名相吕蒙正给我们做出了一个榜样。

吕蒙正出身贫寒，据说他小时候曾做过乞丐，没地方住，只好在一座破窑里栖身。网上流传很广的一篇吕蒙正的《破窑赋》，这篇赋，当然不会是吕蒙正所作的，但吕蒙正小时候很贫苦，那确实是真的。后来吕蒙正发奋苦读，于太平兴国二年（公元977年）高中了状元。做官后又勤政爱民，不到四十岁，就做了参知政事（相当于副宰相），绝对是年轻有为。

一天，吕蒙正像往常一样上朝奏事，忽然听到背后有人指指点点地说："想不到这个住破窑的小子，今日也做起了宰相。"吕蒙正假装没听到，头也不回，快步而走。随行的人很愤怒，打人不打脸，人家已经做了宰相，你还在拿当年的贫寒说事，分明是嫉妒么。他们拉住吕蒙正，说要回去查查是谁在胡说。吕蒙正连连摆手，自顾自走了。下朝后，随行的人还是愤愤不平，吕蒙正说："算了，如果知道了他的姓名，恐怕我一生也不会忘记，同朝为官，彼此也就很难相处了，还不如不知道来得干净。反正对我也没什么影响。"大家都很佩服吕蒙正的大度，连宋太宗也感慨地说："蒙正气量，我不如。"

吕蒙正做宰相后不久，审理了一件蔡州知府张绅的贪污案，查实后，把这张绅免了职。但不久就传出了流言，说张绅这人，家里的钱多得用不完，哪会去贪污呢？当年吕蒙正贫寒时，曾向张绅要过钱，张绅没给他。现在做了宰相，他就要报复张绅了。吕蒙正听到了，也不辩解。

其实这种事，要辩解也无从辩解起，你总不能拉着每个人说，我当年没向张绅要过钱吧。这样的传言，连宋太宗也相信了，就把张绅官复原职。但后来别的官员在审查其他案件时，又牵出了张绅，查清楚确实是张绅贪污，于是把张绅再度免职。经过这样一个反复，吕蒙正面对流言坦然自若的风度，让大家更加佩服。

吕蒙正有个门客，叫富言。这人虽姓富，家里却是很清贫。一日这富言对吕蒙正说，他有个儿子，十几岁了，很喜欢读书，想请吕蒙正介绍，让这孩子去书院里打打杂，找点事做。吕蒙正说，行，我先见见他。一见到这个叫富弼的孩子，看了其行为举止，问了几句话，吕蒙正就不由得刮目相看，对人说："这孩子将来职位不会比我低，做的一番事业，或许比我还要大。"他马上就让富弼和自己的孩子一起读书，对他很是关照。后来，这富弼果然也是高中进士，做到了宰相。

这富弼是从吕蒙正身边成长起来的，把吕蒙正的为人风格也学得十足到家。他做了宰相后，一次，有人专门来告诉他，富相啊，某某人，在背后骂你呢。富弼摇摇头，不会吧，大概是你听错了。那人着急了："怎么可能呢？我是亲耳听见的，还指名道姓地骂你呢。"富弼想了想，说，这个，可能是有人跟我同名同姓吧。

传话的人本来想拍拍当朝宰相的马屁，不料碰了个软钉子，只好灰溜溜地走了。而骂富弼的那人，听说了这事，大为惭愧，立即赶来向富弼道歉。难道富弼真不知道那人是在骂他吗？当然不是的，天下哪里还有第二个富弼。富弼只是不想理会这样的是非罢了。

吕蒙正和富弼，都是职场上的大赢家，他们在遭到莫须有的议论后那种无动于衷的做法，似乎有点不够"血性"不够过瘾，但其实是很有智慧的，值得我们去细细琢磨。这种"无招胜有招"的智慧，我觉得，可以概括为两个"当"字。

第一个当，是把背后议论当作一阵风。什么"风"，一是"空穴来风"的风。我们听到的背后对自己的议论，往往是别的人转告我们的。说你的那个人，是不是真的那样说？是当真地说还是开玩笑地说？是有心地说还是无意地说？传到你耳中的是原汁原味的原话还是经过了转述人的添油加醋？转述的人是不是别有用心？这些，你根本不知道，也无法搞清楚。所以，你就把它当作空穴来风，可能有这么回事，也可能没这回事，总之，仅供参考，不要太认真。

二是“耳边风”的风。听到了议论，这个耳朵进，那个耳朵出，不要总把它装在心里。有人的地方就有江湖，一个人总不可能做到让所有人满意。有人夸你优秀，就有人说你是作秀；有人说你实在，就有人说你死板；有人喜欢你率性有自我，就有人说你装模作样爱炫耀。你要是因为他人的三言两语而停下自己的脚步，要是因为得不到某些人认可而闷闷不乐，那你就始终在为别人活着，你就不是你自己。

三是“云淡风轻”的风。听到对自己不好的议论，千万不要以牙还牙，也不要针锋相对，从而激化矛盾，因为这样，只能使原来的小矛盾变成大矛盾，暗中的不满变成公开的冲突，最后是两败俱伤。反而是像吕蒙正、富弼这样云淡风轻的态度，能赢得大家的赞赏。要相信这句老话：群众的眼睛是雪亮的。

台湾作家席慕蓉的散文《独白中》中有这样一段话：“在一回首间，才忽然发现，原来我一生的种种努力，一直在为了周遭的人对我满意而已。为了博得他人的称许与微笑，我战战兢兢地将自己套入所有的模式所有的桎梏。走到途中才忽然发现，我只剩下一副模糊的面目，一副没有灵魂的肉身，和一条不能回头的路。”当我们为别人的议论愤愤不平难于自抑时，就重温一下这段话吧。

第二个当，是把议论当作一面镜子。一是穿衣镜。可以用来正自己的衣冠。不妨对照一下自己，人家背后这样说我，到底有没有道理？有几分道理？是不是真的指出了自己一直没发觉的问题？

古人有句话，叫作“有则改之，无则加勉”，说得对就改正，说得不对就勉励自己，这样的境界说实话已接近圣贤了，很难做到，但可以让自己的心情平和一点。也不妨对照下别人，通过这些背后的议论，你可以从中看清楚一些人、一些事，这样以后跟他们相处，有了正确的方式，不也是挺好吗?

古龙的小说《欢乐英雄》里，主角叫作郭大路，他的“师父”有不少：启蒙的恩师是“神拳泰斗”刘虎刘老爷子，然后是“无敌刀”杨斌杨二爷、“枪刺九龙”赵广赵老师、“神刀铁胳臂”胡得杨胡大爷……读过武侠小说的都知道，凡是外号很神气的，功夫往往很一般，这些江湖上的混混怎么能教出这样好本事的徒弟？郭大路的说法是：“我学的并不是他们武功的长处，而是他们武功的短处。”怎么叫“学短处”呢，那就是：“我若看到他们武功有什么破绽、缺点，自己就尽量想法子避免。这就叫三人行，必有我师。”

武功是否能这样学可以不必细究，但郭大路的思路还是有道理的，那就是，当别人在说你的不是时，你至少可以知道，这些就是职场中的“破绽”“缺点”，自己要尽量想法子避免。这无疑是有利于自己的成长与发展的。

二是反光镜，就是把自己的形象展示给大家。

有个故事，说镇上有个少女，怀了身孕，在父母的一再逼问下，只得说孩子父亲是附近庙里的一个高僧。父母大为气愤，孩子出生后，就抱着孩子找到这高僧，要他负责。高僧也不争辩，只是淡淡地说：“是这样啊。”接下了孩子。从此高僧名誉扫地，被人辱骂，但他依然悉心地养育孩子。

一年后，少女实在忍受不了内心的煎熬，承认孩子父亲另有其人。少女和父母愧疚地找到高僧，高僧也不多言，还是淡淡地说了一个句：“是这样啊。”把孩子还给了少女。而从此之后，人们更为尊敬高僧了。

高僧的智慧，就是他知道，很多时候，辩解是没有用的，让时间来证明一切。当我们被误解时，总会下意识地极力去辩白，但没有用。没人会听，没人愿意听。人们按自己的所闻、理解做出判别，每个人其实都很固执。听到了背后的议论，特别是无中生有的议论，你不要去辩解，因为很可能越辩越黑，你要让它不攻自破。比如，你可以多参加一些集体活动，多跟同事交流交流，让大家看清楚，你是怎样的一个人。比如你可以针对流言，有意识地做一些事，让大家看到，这流言是如何的可笑，如何的没有根据。这样，流言也就没人会去相信，大家反而会鄙视传播流言的人。

最后送你一句话：一个人内心是不是真的强大，只要看他面对流言时，是不是泰然自若。

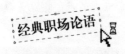

经典职场论语

有价值的人才会受批评。

每个人的生活，在人前人后都是完全不同的两幅画面。他们看到你中午才起，不知道你天亮才睡；他们笑你痴人说梦，不知道你拼命一步步向梦想靠近；他们看你表面荣华，不知道你每日辛酸努力；他们见你嘻嘻哈哈，不知道你每晚一个人咬紧牙关。

这世上缺少的，是真正有勇气一条路走到头的傻子，不缺的是因为一点非议而放弃梦想的懦夫。

一个人连争议都没有，那他活得才最失败。因为你优秀才会有争议，因为你不一样，才会有流言蜚语。

拾

NO. 10

“命犯小人”怎么办？

郭子仪奉行“敬而远之”

假如房间里有两只蚊子，“嗡嗡嗡”地烦人，时不时还要来咬你一口，怎么办？

一是打开窗口，把它赶出去。

二是挂个蚊帐，把它隔离开。

三是追着它打。它东奔西跑，你上蹿下跳。弄得气急败坏心烦气躁。也许忙了半天也没打着，也许是“啪”的一下打着了，好好的墙上一摊血污，或是手心里一摊血，这血也不知是自己的还是蚊子的，想想都恶心。

如果是你，你会采取哪一种方法？

这当然是打个比方。这蚊子，就是在职场中遇到的小人。命犯小人，虽然很讨厌，但在职场中，也是不得不面对的。命犯小人了，怎么对付才是最妥当的？

古人把小人比作是杂草，意思是说，小人像杂草一样无处不在，即使清除了，一会儿又冒出来了。确实是这样，我们从小到大，几乎都遇到过各种各样的小人。

小时候最讨厌向老师打小报告的，工作了才发现这是小 case，职场里的花招更多了，跟宫斗有得一比。比如蹭吃蹭喝爱占小便宜；比如喜欢告密打“小报告”；比如有了好事他厚着脸皮邀功请赏，有了问题忙不迭推卸责任让人背黑锅；比如制造八卦传播谣言搬弄是非；比如欺侮新人贬低同事；比如口蜜腹剑当面叫哥哥背后掏家伙，如此等等，不一而足。君子只有一种，而小人各种各样，以各种各样的方式存在着。有道是，人在江湖漂，哪能不挨刀。人在职场，哪个没被小人伤害过？也就是伤口的深浅不同罢了。你要学不会如何对付小人，晋升路上那就是一路陷阱，步步惊心。

你有千变万化，我有一定之规。对小人，也是有“套路”的。这里说一个“老江湖”应对小人的故事吧。

这个“老江湖”，就是我们此前在“可不可以跟领导做哥们”一章中讲到的郭子仪，唐朝大名鼎鼎的汾阳王、天下兵马大元帅郭老令公。他功成名就之后，就退了休，安心在家颐养天年。每天听听戏，喝喝酒，打打牌，养养生，自得其乐。这一天，郭子仪正在家跟侍妾们欣赏歌舞，家人来报，说有一个叫卢杞的官员前来求见。

这卢杞是唐德宗时很著名的人物。他出身名门，祖父是本书《如何把竞争对手拉到同一战壕》一章中说到的“伴食宰相”卢怀慎，父亲是以清廉出名的御史中丞卢奕。但道德显然比财富难于继承，这卢杞虽然家风家教不错，最后却还是成了个奸佞小人。

卢杞办事的能力很强，口才更是了得，因此很受唐德宗的信任。

他在虢州为刺史时，虢州有官猪数千，惹出许多麻烦，卢杞多次向德宗抱怨。德宗顺口说，那就把官猪迁到同州去好了。卢杞说，同州难道不也是陛下的地方吗？在虢州为患，在同州照样为患，官猪其实没什么用处，干脆杀了让百姓吃算了。德宗见卢杞身为虢州刺史却关心同州百姓，认为他有宰相的气度。德宗自始至终信任卢杞，一次感慨地说，大家都说卢杞这人奸诈，我怎么觉得蛮好呢？有大臣当即说，让陛下觉得他什么都好，这就是卢杞的奸诈处。真是一语中的。

卢杞这回拜访郭子仪，那是他尚未发迹之时，不过是一个中下级官员，与郭子仪差了不是一点点。以郭老令公的声望、地位，肯见那就是给了天大的面子了。但郭子仪听说卢杞来访，立即收敛起笑容，命令所有的女眷和歌伎们全部退出，也不准她们在屏风后偷偷地张望客人。卢杞来了后，郭子仪郑重其事地按礼节接待，诚恳地和卢杞谈了很久。

卢杞走后，家眷们很不解地说："你平日接待客人，总是大大咧咧，也不避讳我们在场，一起说说笑笑很轻松。那卢杞不过是一介书生，为何要这样的谨慎。"

郭子仪说："你们有所不知，卢杞这人很有才能，但心胸狭窄，睚眦必报。他的长相很难看，半边脸靛蓝，好像庙里的鬼怪。你们小女人不知轻重，见了这半边蓝脸，一定要笑出声来，他就会记恨在心。他日一旦得志，定会报这一笑之仇，那时我的儿孙们没一个活得了。"郭子仪果然是老江湖，后来卢杞做了宰相，过去看不起他的、得罪过他的，全遭到了报复，只有郭子仪一家毫发无损，因为卢杞觉得郭老令公当年很看得起他。

跟老江湖郭子仪相比，另一个宰相杨炎的功夫就差了点。那已是卢杞官至宰相后的事了。杨炎在当时以文章辞藻华丽，擅长起草诏书出名。杨炎看卢杞长相丑陋，又没有文学才能，虽是同朝执政，很瞧他不起。遇到需要两人一起出面的场合，杨炎就借口生病不出席。两人一起吃饭时，杨炎总想方设法不跟卢杞同席。卢杞认为这是对他的羞辱，怀恨在心，他先是刻意提拔与杨炎有宿怨的严郢为御史大夫，授意他找杨炎的“茬子”。

杨炎的儿子很不成器，经常违法乱纪，又私自接受贿赂，严郢就以此案为突破口，不遗余力地查到杨炎头上。杨炎修家庙时，请人把他的一处私宅卖给了官府，严郢认为价格卖得太高，是以权谋私，叫大理正田晋处理。田晋认为这罪同索贿，应剥夺杨炎的官职。按说这已是从重从严了，但严郢很不满意，把田晋贬为司马，另请别人审理，最后判为：“监主自盗，罪绞。”接着，又有谣言说，杨炎所建的家庙，基地有王气，杨炎必有异图。德宗听了更加恼火，把杨炎流放崖州，没等杨炎走到崖州，德宗又下诏赐死，杨炎在五十五岁的有为之年就这么死去了。杨炎之死，就是他没有学到郭子仪对付小人的办法。

卢杞是有名的小人，郭子仪是出名的君子，君子见了小人，不是怒喝一声，呔，你这无耻小人，快快滚出去吧，别玷污了我老郭家的清净之地。而是既客客气气，又不即不离。郭子仪的这一手，就叫“敬而远之”。这四个字，是很值得我们回味的。

因此，不到万不得已，千万不要跟小人斗，小人该不该斗，该斗，但斗小人是要付出很大的代价的。一是人格上的代价，小人为什么是小人，因为他的人格是低下的，他的手段是卑鄙的，你要斗赢他，你就得用同样卑鄙的手段去对付他。他造你的谣，你就散布他的流言，他打你“小报告”，你就去告状，这样一来，你也成了半个小人了。你这不是把自己看低了吗？

二是时间精力上的代价，小人最喜欢纠缠不休，你要跟他斗，就要付出大量的精力、时间，心里还很不痛快。把这时间、精力花在工作上，说不定就做出了很大的成绩。而跟小人斗，最多是出一口气。这里的投入与产出，你算算看？

三是失败的代价。一般说来，君子跟小人斗，最后失败的，往往是君子。道理很明白，你是有底线的，他是没底线的，你是在明处的，他是在暗处的，你是讲道理的，他是不讲道理的，你是光明正大的，他是搞阴谋诡计的，怎么跟他斗？斗到最后，倒霉的还是你，听过这句诗吧："卑鄙是卑鄙者的通行证，高尚是高尚者的墓志铭。"

我们出来工作，是为了前途，为了赚钱，何苦跟小人纠缠不休呢？记住这句话：小人不过像是鞋子里的小砂石，倒掉就算了，你不能忘记重点是迈向成功的漫漫长路。

那么，到底该怎么个"敬而远之"呢？主要是三点。

第一是强大一点：小人最喜欢中伤的，往往是他"同级别"的对手，就像卢杞一心一意要置杨炎于死地，就是因为两人同朝为相，有一种竞争的关系。要是你吞不下这口气，憋着劲跟他对着干，如杨炎对卢杞这样，那结果就可能很糟糕，上面已经说了，君子往往是斗不过小人的。

怎么办，那就把与小人斗的那份心思和时间，用在工作上，树立自己的远大目标，让他燕雀安知你鸿鹄之志，有没有战略上直接秒杀他的感觉？等到你在事业上飞黄腾达了，甩开他好几条马路了，就像郭子仪对卢杞那样，他不但不敢来中伤你，反倒是要忙着拍你马屁。

说到底，人在职场，核心竞争力并不是人际关系，而是工作能力，你能为老板带来业绩、创造财富，你的工作岗位无可替代，小人怎么敢到老板面前中伤你？老板又怎么会相信小人的话来打压你？牢固的人际关系从来就是建立在实力对等的基础上，当你不断提升自己的实力，不断结识更高层次的人脉，小人中伤你的机会就越来越小，笑到最后的就是你自己。王安石有句名诗“不畏浮云遮望眼，只缘身在最高层”说的就是这个道理。

第二是客气一点。客气，说得赤裸裸一点，就是有礼貌的敷衍。礼节上、规矩上该有的，你一样不少他，但也一样不多他。他阴阳怪气地刺你几句，你就假装听不懂，更不往心里去。他要来挑拨离间，东家长西家短，你就微笑着不接口，然后就烂在肚里。他觉得你对他不坏，但离期望也有着相当大的一段距离。这样，这小人当然不会喜欢你，但他也不会来恨你。

比如三国时蜀汉有个秘书令郤正，他勤奋好学，以文章著称于当世。当时蜀汉有个太监叫黄皓，仗着刘后主信任，拨弄是非，陷害好人。

郤正很不幸，与这黄皓“比屋而居”，做了邻居，而且一做就是三十年。郤正对黄皓，就是客客气气，既不来讽刺你，也不来亲近你，与这小人一直是不即不离，史书上说他“既不为皓所爱，亦不为皓所憎”。所以他的官一直做不大，但也从不出事。后来蜀汉大将姜维被黄皓中伤，无奈之下，向郤正请教。郤正就让姜维前往陇西沓中屯田，既手握兵权，又远离小人。郤正此计，说起来也就是“敬而远之”的意思。

第三是隔离一点。小人的一个特点，就是当面一套背后一套。表面上跟你亲亲热热，似乎无话不说，转过身，就把你随口说的一些话，添油加醋、别有用心地搬给了别人甚至领导，所谓“人前给你戴朵花，背后给你栽根刺”。与这样的人一起聊天，你根本不知道哪句话会被他所“用”,所以最好的办法就是设置一道“防火墙”。

平常同事一起聊天时，倘有小人在场，就聊聊影星、球星、电视剧，某某领导水平如何，某某同事工作如何，这类的话题提也不要提，久而久之，小人发现从你这里套不到有用的信息，也就兴趣索然。而且，即使是自己或者自己家庭、朋友一类的个人化的信息，也不必多说。

小人还有一个特点，就是见不得别人比自己好，但同时又具有一个非常“好奇”的心，喜欢打听别人的隐私。要是他了解你一些生活细节后，会肆意发挥四处宣扬，那时辩解也不是，不辩解也不是，弄得很狼狈。总之一句话，在信息上把他隔离起来，让他要中伤也无从中伤起。

有了这三点，那么小人再猖狂也伤不了你。你就像练就了金刚不坏之身，这就叫“他强由他强，清风拂山冈，他横任他横，明月照大江”！

经典职场论语

与小人之间的对垒，不是人与人之间的较量，而是底线与底线之间的比试。只要你还有底线，就不会输给没有底线的小人。

小人之所谓是小人，是因为他不在乎自己是小人。君子之所以是君子，就是因为他在乎自己是君子。

寒山问拾得：“世间有人谤我、欺我、辱我、笑我、轻我、贱我、骗我，如何处治乎？”拾得曰：“只是忍他、让他、由他、避他、耐他、敬他、不要理他，再待几年，你且看他。”

提升自我看逆商

“天将降大任于斯人也，必先苦其心志，劳其筋骨，饿其体肤，空乏其身，行拂乱其所为”，只有经历熔炼和磨难，潜力才会激发，视野才会开阔，灵魂才会升华，成功才会到来。这就叫“沧海横流，方显出英雄本色”，这就叫“吃得苦中苦，方为人上人”。职场上，每个人能力的差别可能没有你想象的那么大，每个人的机遇更是几乎相等，决定你关键时刻挺进还是倒下的，往往是你抗打击的能力。过了这个坎，你就是鱼跃龙门，过不了这个坎，你就一蹶不振。

提升自己，你需要斗志高昂、信心如磐，你需要百折不挠、屡败屡战，你需要升华苦难、百炼成钢。这就是逆商（Adversity Quotient）。

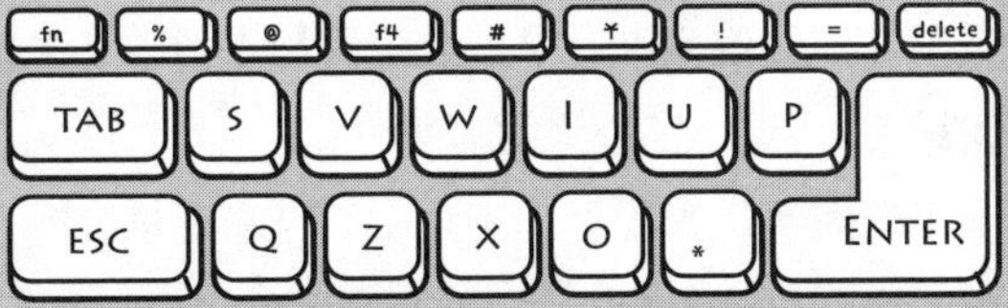

壹

NO. 1

怎样规划自己的职业生涯？

诸葛亮的就职“三部曲”

有句话，叫作“女怕嫁错郎，男怕入错行”，意思是说，要是选错了职业，入错了行当，那就像女人嫁错了人一样的可怕。这话真算不上夸张。

入错行的本质其实不是选择问题，而是机会成本，你进了这家公司就不可能同时进那家公司，你放弃的，就是成本。所以入错行的最可怕之处，在于没有办法改正。人最能做事的时期，也就那么几年，等到三五年一过，这才回过神来，啊哟，我当初要是做这个就好了，已经来不及了。这个用句很俗的话来说，就叫输在了起跑线上，要追回来太难了。

我有一个老同事，比我小了十几岁。当初他进来时，我是他的部门主管。这小伙子名校毕业，脑瓜灵，能说会道，充满激情，我觉得是个好苗子。但做了几年后，正要培养他上个台阶时，他走了，主要是觉得我们这个城市太小，没有发展空间，就到了上海的一家都市类报纸。但大有大的难处，大城市媒体人才扎堆，他做了两年也没冒出来，就沉不住气了。他觉得传统媒体没前途，跳槽到了一个网站。这网站一开始倒也热闹，过了大半年，投资人的钱一烧光，后继乏力，眼看办不下去了。他就自己创业，搞了个APP，还真拉来了风投，但两年一过，又做不下去了。没办法，只好到一家银行做文字工作，搞公共关系，又跟媒体打上了交道。眼看当年跟他一起入职的同事，现在大多做到了中层，混得都是有头有脸的，他到媒体联系工作，找的都是当年同事的手下，心里自然不是滋味。一天他来找我，说我怎么也不比他们差啊，也不是不努力，怎么就混成这样了呢？我说，你啊，真应该回到学校去一次。他说，你是说我要再回去学习？我说，不是，你到学校，传达室门卫会问你：你是谁？你要到哪里？要找什么人？你的问题，就在于没有回答好这三句话。

虽是开玩笑，但确也是实话。这个小伙子七八年混得不如意，正在于他没有想清楚这三句话。

我是谁？就是我的兴趣、我的能力、我的特点、我擅长做什么，这些，他不清楚。

我要到哪里？就是说，到哪个单位去工作，才能把我的能力我的特长最大限度地发挥出来，把我的事业带到最高点。他也不清楚。

我要找什么人？就是要达到这个目标，要通过哪些途径，在什么样的上司手下工作，这些，更加不清楚。

正所谓“心中无数点子多，头脑糊涂决心大”，做事只是“跟着感觉走”。做什么工作，一拍脑袋，这个不错，就它了；能不能做，一拍胸脯，没问题，肯定行；等到做不下去了，就一拍屁股，走人，再换一家试试。这怎么行呢？

就像造房子先得有图纸，建城市先得有规划一样，一个人做什么职业，也必须要有规划，这就是人生的图纸。这职业规划，听起来很高大上，其实中心思想，也就是门卫都要问的这三个问题：你是谁，要到哪里去，要找什么人?

这三个问题，看似简单，真要回答好，也不容易。把这三个问题想清楚了，以后做事也就是事半功倍。

三国时候有一个名人，他找工作时，认真地考虑了这三个问题，最后他也成了三国时乃至中国历史上有名的丞相，他就是大名鼎鼎的诸葛亮。

诸葛亮很有意思。他二十七八岁了，还是个待业青年，连面试也没经历过一次，但他也不急，每天在家里看看书，写写诗，睡睡懒觉。但这样一个没有任何工作经验的青年，一出手，就找到了一份令他十分满意的工作，直接就做了高管。他是怎么做到的? 就是这三个问题回答得好。

第一个，你是谁? 这是对自己的定位，我是个什么类型的人才，我的兴趣、我的长处是什么，适合干什么样的事业。每个人的特长、风格、个性都是不同的，也不能简单地说好还是不好，关键是找到自己最为适合的、最能发挥自己特长的那个岗位。

诸葛亮是个旷世奇才，他也清楚自己是什么人。他喜欢把自己比作管仲、乐毅，这两人是春秋战国时期的名相，立下了不世伟业。诸葛亮把自己比作管、乐，不仅是说自己的能力强本事大，更是对自己的明确定位。因为管仲、乐仲是帮助齐桓公、燕昭王称霸群雄的相国，也就是说，是运营总监的角色，不是自己做老板，而是帮助老板做大做强的人。

诸葛亮有这么大的本事，为什么不站到前台，自己创业过一把老板瘾? 并不是诸葛亮不想当老板，而是他觉得自己不可能当老板。三国时，割据一方的军阀，像曹操、袁绍、袁术、孙权、刘备、刘表、刘璋、公孙瓒等，至少要有三个条件，一是出身于名门世家，这样才有号召力；二是占有一块地盘，这样才有发展的基础；三是手下有一支队伍，这样才不被别人吃掉。诸葛亮只是躬耕于南阳的一个农村青年，他本事再大，到哪里去拉队伍？到哪里去占地盘？还没动手人家就把他给灭了。所以，诸葛亮把自己定位在职业经理人的角色，是十分明智的。这样依托已有的基础，可以最大限度地发挥自己的聪明才智，实现自己的价值，做出一番自己的事业。

有了这样的定位后，诸葛亮就按照“谋略大师”的角色来包装、宣传自己。我们看《三国演义》中，无论是老一辈的知名人士水镜先生，还是当地的名人徐庶、崔州平等，说起诸葛亮，都异口同声——谁要是得到了诸葛亮，谁就可以争天下。“诸葛亮是个好军师”，这样的形象就深入人心了。

第二个问题，要到哪里去。诸葛亮二十七岁还在隆中高卧，不是他不想出山，而是他在思考一个问题，到哪里去？诸葛亮这样上知天文地理，下知鸡毛蒜皮的人才，到哪里都会得到重用，这是肯定的，但重用到什么地步，那还是有点讲究的。

比如曹操统一了半个中国，实力最强，平台最大，似乎应该是首选。但曹操这里人才济济，像荀彧、郭嘉、程昱、荀攸等，水平高、资格老、功劳大，诸葛亮这样一个无资历、无实绩、无关系的青年人跑去，大概要按部就班从幕僚做起，打拼几年后才能脱颖而出，至于要做到“运营总监”这样的高层，可能还得看运气。

再比如孙权，实力也是很强的，但孙权这里已经形成了以张昭、周瑜等人为核心的江东集团，都是孙权知根知底的心腹，诸葛亮一个外地人要一下子凌驾于众人之上，是不大可能的，更何况周瑜的能力也不在诸葛亮之下。所以诸葛亮最后选中刘备做他的老板，其实是经过了细致考察，深思熟虑后的决策。

我想主要有这四点。一是刘备志向远大，以“匡扶汉室”为奋斗目标。一个员工事业发展的上限，取决于这个单位的上限，而一个单位的上限，取决于老大的目标。刘备把目标定得越高，诸葛亮发展的空间也就越大；二是刘备眼下的实力虽然较弱，但成长性好，诸葛亮去了后，可以大展身手；三是刘备集团的人才结构极不合理，关羽、张飞、赵云是超级武将，而文臣则只有糜竺、孙乾、简雍等二三流人才，诸葛亮去了后，不但是第一，而且还是唯一，能马上担任核心职务；四是刘备为人的口碑较好，待人宽厚谦和，诸葛亮这样一个背景不强的人，不用担心受到排挤。所以，我们看起来是刘备哭着喊着要见诸葛亮，其实应该是诸葛亮主动要投奔刘备的。这就要说到第三点了。

第三个问题，你找什么人？就是说，通过什么途径来实现自己的规划，把规划从纸上落到地上。这方面，诸葛亮也给我们做出了示范。

诸葛亮主要是做了三件事。第一件事，是树立口碑。比如让水镜先生司马徽说出“卧龙凤雏，二人得一，可得天下”的经典广告语，并把诸葛亮比之为姜子牙和张良；比如让刘备很信任的军师徐庶说，诸葛亮的才能胜自己十倍。这种来自知名人士的推荐，比自己介绍自己，当然效果更好。这就是典型的“自己行，有人说你行，说你行的人行”，这样，刘备自然而然地有了“得到诸葛亮就能成大事”的想法。

第二件事，是做足功课。在第一次面试中，诸葛亮就必须要把自己的才能全部施展出来，让刘备下定决心来委以重任。诸葛亮的《隆中对》，正是他这几年的心血之所在。当两人第一次见面，诸葛亮向刘备一一道来，刘备顿时感觉眼前出现了一条金光大道，当下毫不犹豫请诸葛亮来做军师，辅佐自己。

第三件事，就是营销自己。“三顾茅庐”的故事，我们基本上可以肯定，这是诸葛亮设计的一出好戏。我们现在看这个故事，重点注意的是刘备求贤若渴的诚意，但对诸葛亮来说，却是以此来抬高自己的身价。人往往就是这样，容易得到的，不会太珍惜；得不到的，反而会放在心上。毕竟让一个没有打过仗也没有做过官的年轻人，一下子就担任高管，这样的破格，对刘备来说，也是不容易下决心的。

诸葛亮的一次次避而不见，就是一次次帮刘备在下决心。最后呢，诸葛亮一出山就成了刘备最信任的军师，而且这一做就是一生，也算是报答了刘备对他毫无保留的信任。

诸葛亮的职业规划，是很值得我们学习的。有职业规划，不一定能成功，但是没有职业规划，几乎一定不会成功。很多时候失败的人不代表他没有能力，很有可能是角色定位的失败。条条大路通罗马，这话说得没错，但你最好找一条最近的路。假如你要准备求职，那不妨找个日子，泡一杯茶，静下心来，细细地想一下这三个问题，甚至不妨在纸上写下来。

第一个问题，我是谁？我的兴趣、我的性格、我的特长，我适合做哪一方面的工作？准确分析自己的性格，一方面便于找到适合自己的岗位，另一方面可以提醒自己在工作中克服性格的不足。

第二个问题，我要到哪里去？适合我的单位有好几家，哪一家才是最合适的？哪一家我的发展空间更大？我更适应哪一家的企业文化？

第三个问题，找什么人？到这一家单位去，要通过哪些途径？什么人推荐效果最好？怎样在面试时把自己最好的一面展示出来？要想自己能够调动的资源有哪些，自己的同学、朋友、亲戚中，有谁擅长此类事情或从事过相关行业，不妨向他们请教一下，直接掌握问题的关键点，避免工作中走弯路。把这些想清楚了，求职之路就会事半功倍，而且以后的路也会顺畅许多。

有人说，你今天做的事情是三年前选择的结果，这是有道理的。所以想清这三个问题，不仅是职业规划的问题，对做任何事情都是很有必要的。

经典职场论语

有目标的人才能抗拒短期的诱惑，有目标的人才会坚定地朝着自己的方向前进，有目标的人才会感觉充实。

选择工作的标准有三：这些人可不可交，这件事可不可做，待遇够不够好。

只有这个事情是自己喜欢的，才有可能在碰到强大对手的时候仍然坚持；在遇到极其困难的情况时不会放弃；在有巨大诱惑的时候也不会动摇。

贰 NO. 2

怎样让自己无可替代？

萧何专练"独门武功"

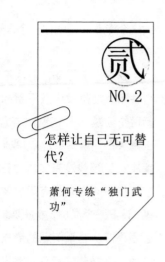

先问一个问题：全国所有大学中，哪个专业找工作最不用愁？

这似乎有点"无厘头"，好，答案是：北京大学古生物学专业。

听起来是不是挺匪夷所思的，古生物学专业，研究古代那些早已灭绝了几千万年的动物、植物，这个……用人的需求量不太大啊。错了，用人的需求量，不是不太大，而是很少。但需求量小架不住毕业生更少啊。堂堂北京大学的古生物学专业，这几年来毕业的学生，或者是一个，或者是零个。所以，他们晒出来的一个人的毕业"集体照"，总是能成为网络热点。比如 2014 年的毕业照，是一个叫薛逸凡的女生，2016 年的毕业照，是一个叫安永睿的男生。

一个专业、一个年级就一个人，"坏处"是很明显的，比如你不能逃课，一走，全年级都没人上课了。但好处更明显，即使是全国只招聘一个人，那首选的就是你，要是招两个呢，那就争着要你了。要是全国招聘几十个，还不得打破头。为什么，因为北大这个专业的，就你一个人嘛。这个就叫无可替代。

我有一个朋友，前两年到了一个新单位。他到新单位的第一个件事，就是找中层干部和业务骨干个别谈话，谈话很简单，只问两个问题：一个是："在你负责的领域，存在什么问题，需要怎么解决？" 第二个是："我们这个单位，存在什么问题，需要怎么解决？" 那些没有实质性答案的人，直接列入落选名单。而对那些能指出问题并且有明确解决对策和目标的人，就委以重任。他说，设置一个岗位，就是要解决某一方面的问题，这个部分的主管，必须是解决这个问题的最佳的甚至是唯一的人选，如果有人可以做得比你好，或者有人能代替你的岗位，那对不起，我就要考虑换人了。

央视的著名主持人白岩松有句话："一个人的价值、社会地位，和他的不可替代性成正比。"也就是说，一个人在他所工作的领域内，越是无可替代，收入就越高，地位也越高。相反，一个人如果可有可无，无足轻重，那么他的收入肯定不会高，地位更是无从谈起。

这个道理，别说是现在，古人也是如此。

汉高祖刘邦，在打败了项羽，做了皇帝之后，自然要论功行赏。说到功劳，每个人都容易把自己的放大，把别人的缩小，这其实也是人之常情。《史记》说："群臣争功，岁余功不决。" 大家争了一年多，谁也不服谁，这军功章没法颁发。最后还是刘邦拍板，萧何功劳最大，封他为酂侯，给他最多的封地。

结果一宣布，大家都十分意外，尤其那些带兵打仗的武将，更是愤愤不平。他们找到刘邦理论说："我们出生入死，浴血奋战，大大小小的战役，多的打过上百场，少的也打过几十场，能走到今天都是拿命换来的！萧何他白面书生一个，连战场都没上过，就会舞文弄墨，动动嘴皮，凭什么说功劳最大？”

刘邦说：“你们见过打猎吧？知道猎人和猎狗吧？打猎的时候，追击、捕获野兽的，是猎狗，但发现猎物在哪里，指导猎狗追杀方向的，是猎人。你们追杀有功，是‘功狗’，萧何他指挥追杀，是‘功人’。”

刘邦的意思很明白，你们的功劳，是在萧何的指导帮助下才获得的。猎狗有许多只，猎人却只有一个。打仗谁上去都行，萧何却是谁也代替不了。所以他功劳最大，分封的土地应该最多。把开国功臣们比作“功狗”，确实有点难听，但可谓“话糙理不糙”，刘邦如此一比，大家只能是无话可说。

封完了土地后，给功臣排座次，刘邦依然把萧何排在第一。有大臣就说，平阳侯曹参作战英勇，身上有七十多处伤口，应该排在第一。曹参也是刘邦的老兄弟，打起仗来总是冲在前面，受伤累累，不死也真是命大，排在第一似乎也是应该。这时，安平侯鄂千秋站出来说话了。他说，曹参功劳当然不小，但他攻城略地，是一时的功劳。

楚汉相争，足足打了五年，好几次部队都打光了，陛下成了光杆司令，眼看没法玩了。这时，萧何就从关中几万几万地把兵源补充上来，于是又有了打下去的资本。陛下与项羽在荥阳对峙数年，部队的粮草吃光了，全靠萧何这个后勤部长，及时把粮草接济上，终于打赢了这关键的一仗。陛下多次丢失了崤山以东的大片土地，全靠萧何坚守关中这个根据地，使汉军能够反败为胜。这才是万世不朽的功勋。

像曹参这样的战将，皇上手下有数百位，假如没有曹参，汉王朝仍是汉王朝，假如没有萧何，我们恐怕都不会有今天。怎么能够把一时之功看得比万世之功还重呢？所以萧何应该第一，曹参排在第二。

刘邦一听，这鄂千秋真是说出了自己的心里话，当下大声说，对，就是这个理。于是萧何就位居功臣榜的第一位。

鄂千秋说了那么多话，中心思想就是，曹参这样的战将很多，有他没他，刘邦都能打败项羽，而萧何却只有一个，没有了他，这天下是谁的就不好说了。说的也就是萧何不可替代。

不可替代的重要性其实不用多说，关键在于：怎样才能做到不可替代？

一是不但优秀而且卓越。什么叫不可替代，就是除了你，没有第二个。有了一个跟你同样出色的人，他就成了领导眼里的“备胎”，随时可以接替你。刘邦为什么一定要把萧何排在第一？因为萧何做的事，没有人做得像他这样好。换了另外一个人来做刘邦的“后勤部长”，刘邦在前线，很可能就会要粮没粮，要兵没兵，就会打败仗。

三国时有一个优秀的谋士，叫庞统，诸葛亮人称“卧龙”，他外号“凤雏”，“卧龙凤雏二者得一，可安天下”。论才能，几乎可以跟诸葛亮相提并论。但有意思的是，刘备对诸葛亮是三顾茅庐，一来就委以军师之重任。而对庞统呢，刘备当然也很重视，但比起诸葛亮来，差了好几个等级。为什么？因为在遇到诸葛亮之前，这样优秀的谋士，对刘备来说，是有跟没有的问题，没有诸葛亮，就没有人为他出谋划策。而有了诸葛亮之后，庞统对刘备来说，是多和少的问题，多一个谋士当然很好，但肯定没有以前这样迫切了，除非庞统比诸葛亮水平还高。但事实上，庞统比起诸葛亮来是稍稍欠缺了一点，所以，他就成不了不可替代。

当然，像萧何、诸葛亮这样普天之下不可替代的人，历史上也没有几个，但我们要求自己的，是在一个单位内、一个团队内的不可替代。这就需要不断地督促自己加强学习，提升能力，把目标定在第一。就是说，在你工作的领域，在你从事的专业，你要成为专家，具有自己独到的知识和专业的能力，在专业上“高人一筹”，在工作上独当一面。要让领导、让同事有这样的感觉，这方面的事，离了你，谁也做不好。这才算是不可替代了。

二是“伤其十指不如断其一指”。就是不一定面面俱到，但必须在某一方面特别突出。太阳的能量比一束激光不知大多少倍，但一束激光能穿透一块钢板，一缕阳光却连一张纸也穿不透，为什么？因为太阳光普照着整个地球，但激光只对准这一块钢板，把能量集中于一点，更容易变得不可替代。这就叫“因为专业，所以优秀；因为优秀，所以成功”。

当年刘邦打天下，靠的是三个人，一个是张良，专门出谋划策；一个是韩信，专门攻城掠地；还有一个就是萧何，专管后勤供应。“我专故我在”，古代争天下是如此，现代职场生存也是如此。所以我们不要贪大求全，而是要集中精力于某一个专业、某一项业务，只要你在这一项业务上把别人远远地甩在后面，你就无可替代了。

想想看，你身边是否有这样的同事，有的文案写得特别出彩，有的平面设计特别内行，有的擅长于跟客户沟通，他们是不是领导最重视的人？

有个小学没毕业的农村妇女，英语就不必说了，连普通话也讲不利索。她要到美国去陪伴女儿。在申请签证时，签证官问她“有什么专业特长”，农妇还能有什么技术呢？她只得说，会剪纸。说着，当场拿起签证官桌上的一张纸，不一会儿就剪出了一幅栩栩如生的动物图案。签证官从未见过这个，大为赞叹，立即盖证同意。

在签证官眼里，懂英语、懂电脑的见得太多了，但会剪纸的人不多，这就是价值所在。这就叫“一招鲜，吃遍天”。

第三是要未雨绸缪领先一步。张良、萧何、韩信都是某一方面不可替代的卓越人才，为什么刘邦在论功行赏时，把萧何排成第一，而不是张良、韩信呢？因为这时候，刘邦已经做上了皇帝，坐稳了天下，他不需要打仗了，所以打仗的杰出人才张良、韩信就不再是不可替代了。

建国之初的刘邦，考虑的是如何安定人心、发展经济，这样的新形势下，搞行政的萧何变得更加重要，更加不可替代了。所以，不可替代也有一个时间的概念，也是会变化的。要始终处于不可替代的位置，就得未雨绸缪，在思路上紧跟领导的要求，在专业结构上不断更新。

比如萧何，在刘邦灭秦后，众将进入咸阳纷纷大肆敛财，萧何却直奔秦朝档案馆收集秦朝的各种文献资料以作为今后治国的参考，为西汉建国奠定了坚实的基础。刘邦灭项羽，国家重新统一，萧何为适应国家长期法制建设的需要，于是制定《九章律》，这是汉政府治理社会的基本大法。历史上著名的“萧何定律”，就是这样来的。

所以刘邦把萧何定为功臣第一，不仅在于当年打仗时的不可替代，更在于他在治理国家上的不可替代。要是没有这种与时俱进的意识，那很可能马上就会被淘汰。

《世说新语》中有个故事，说曹操有一个歌伎，声音极为清亮而性情极端恶劣。曹操想杀她但实在舍不得。这歌伎仗着这无可替代的歌喉而肆意妄为。曹操就挑选了一百个歌伎，教她们练声，不久有一伎脱颖而出，音质之美赶上了那个“恶性者”。曹操毫不犹豫，把这“恶性者”一刀砍了。

这“恶性者”的悲剧，就在于她没有认识到，如果故步自封，躺在功劳簿上睡大觉，那么，“不可替代”就会沦落为“备胎”。更新自己的专业技能，是一个永远的课题。

说得功利一点，现代职场的本质就是交易，而交易的本质就是需求，一个人的价值，是由上级对你的需求和你自己的能力决定的。你有能力满足这种需求，你就是人才，如果只有你一个人能满足这种需求，你就是不可替代。因此，当你的部门出现越来越多的新人时，你就该提醒自己，他们中的某个人会不会成为自己的“备胎”？

当你连续几年在一个岗位停滞不前的时候，你就该反思一下，我的能力是不是已经跟不上新的需求？事实上，每个职场人都应该经常问问自己，我的绝活儿是什么？我凭什么不可替代？我能解决什么样的问题？能创造什么别人不能创造的价值？如果这些问题的答案是肯定的，那恭喜你，你就是不可替代的。如果有疑问，那么，你要加油了。

经典职场论语

你的回报不是与你付出的努力成正比，而是与你的不可替代性成正比！

看起来优秀的人很多，但真正具有不可替代性的人很少。当你觉得世界对你不公平的时候，不妨想一想，问一问自己：你是不可替代的“猎人”，还是随处可见的“猎狗”？

不可替代也有一个“二八法则”。就是“20% 不可替代性强的员工”决定了企业“80% 的经营业绩”，与此相对应，企业通常将 80% 的资源放到“20% 不可替代性强的员工”身上。

叁

NO. 3

没有冒出来的机会怎么办？

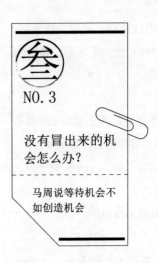

马周说等待机会不如创造机会

经常听到有人抱怨说，我的能力其实也不差，领导怎么就不给我个机会呢？要让我上去做，肯定不会比谁谁谁差。这个“谁谁谁”，或许就是他们这里刚提的一个年轻主管。

或者说，谁谁谁啊，其实跟我也差不多，也就是机会好，轮到他了。真是踩“狗屎运”了。

还有的人说，那天领导来检查，我们主任叫了谁谁谁去代表我们汇报，领导一听很满意，回头就提名他升职。唉，能力强不如机会好啊。那天要让我上去，说不定就是我了。

这些话，说得对不对呢？对的，因为人家确实是机会好。但反过来问一句，这么好的机会，怎么你就老是轮不到呢？人家得到的机会，你知不知道他背后付出了什么呢？

有句话，叫作“要做 CEO，先有 CEO”。这前一个 CEO，是首席执行官（Chief Executive Officer）的缩写，这后一个 CEO，第一个 C 代表能力（Capability），第二 E 代表曝光度（Exposure），第三个 O 代表机会（Opportunity）。你要想做 CEO，就得有能力，就得提高知名度，还得有机会。也就是说，争取机会，是可以和能力及知名度相提并论的，是一样的重要。

这就像有句话说的："运气也是实力的一部分。"你不要光看着人家运气好，其实也是努力的结果。因为他能力强、水平高，运气才会那么好，机会才会那么多，这就叫"强者运强"。为什么机会总是轮不到你，不是上天歧视你，说到底，其实是你做得还不够。

机会还跟能力有关？是的，确实是的。

唐朝时，有个著名的宰相，叫马周。这马周的职场之路很有意思。他踏入职场，前十几年一直混得很不得意，连县里的一个小官都保不住。后十几年呢，一路高歌猛进，一直升到了宰相。这里的转折点，就是他得到了一个机会。而这个所谓的机会，也许在常人看来根本就不是个机会，这机会是马周自己"创造"出来的。

马周出身贫寒，但从小就喜欢读书，很有学问，也很有见识。二十来岁，他就到博州做了一个县学助教，大概相当于县高级中学里的教师吧。但马周这样可以做国家栋梁的人，让他去做一个中学老师，他当然觉得很委屈，平日就喝喝小酒，发发牢骚。终于有一天，马周喝得酩酊大醉，还耽误了工作。领导大为恼火，狠狠地斥骂了他一顿。马周这人呢，本事大，脾气也大，当下一甩手，老子不干了。辞了职，一个人跑到京城长安，寻找机会。这个有点像我们现在的"北漂"。

但北漂的日子也不好过。马周虽号称是东汉伏波将军马援的后人，但此时一无政治靠山，二无显赫家世，三无财势后援，到了京城，囊中羞涩，举目无亲，穷困潦倒，成天泡在一家小酒馆里，几两小酒，几碟冷菜，就打发了一天。后来他终于通过人介绍，到中郎将常何家里，做了一个门客。所谓的门客，相当于常何私人所雇佣的一个临时工，做些抄抄写写的事情。

当时的皇帝是唐太宗李世民。他刚做皇帝不久，励精图治，于贞观五年（公元631元）下了一道命令，要求五品以上的文武百官，上书讨论治国得失，并且要求书面写出具体意见。

常何是个武官，因在“玄武门之变”中立了大功，才担任了禁卫统领这样重要的职务，其实对治国理政并不太懂，要他上书论政，可把他难倒了。常何灵机一动，想起家里那个叫马周的门客，似乎很有学问，平日也喜欢议论国事，就让他写几条交上去吧。说实话，常何对马周也不抱大的希望，也就是应付一下的意思。反正他这样一个武夫，皇帝对他也不会有什么要求。

换了其他人，可能会想，这是他们当官的事，和我有什么关系。但马周听了之后，他想的是，可不可以把这个变成自己的机会呢。

于是，他就花足心思，把平生所学全用出来，整整写了二十多条，全是“上接天线，下接地气”的干货。见马周写了那么多，常何倒有点犹豫了，别是这穷书生信口开河，忽悠我吧？马周急了，这对策要是在常何这里“肠梗阻”了，那我这一番工夫岂不是全白费了？于是很诚恳地对常何说，皇上下诏征求治国方略，将军您怎么能辜负皇上的一片苦心呢？我写的这些，于国于民都是大有益处的，皇上只会奖赏你，不会处罚你的。常何听了，就把马周的这二十几条治国策略送了上去。

唐太宗一看常何上的奏章，精神为之一振，那绝对是真知灼见啊，一条条全说在了点子上。唐太宗当然清楚，常何一介武夫是写不出这样的文章的，就把常何叫来一问。

常何是个实诚人，也知道在唐太宗这样的明君面前是说不得假话的，于是便实话实说，这是他的门客马周所写的。唐太宗想不到民间还有这等人物，说，立即让人把马周找来，我得跟他聊聊。接马周的人走了不一会儿，唐太宗就问，马周到了没有？马周到了没有？就这样，一连催问了四次，马周才来到唐太宗面前。

马周见了唐太宗，那真是遇上了知音，向唐太宗详细、全面地论述了自己对国家大事的见解。唐太宗大为欣赏，立即留用在门下省，成为皇帝身边的要员。而常何也因为举荐马周有功而得到了三百匹帛的赏赐。

从此之后，马周的才能得到尽情的发挥，职务也是青云直上，不过十多年，就官至中书令兼太子右庶子，相当于宰相，深得唐太宗信任。就连死后，也陪葬于太宗陵墓昭陵。马周的这段风云际会，也成为天下书生的一个梦想，李贺的《致酒行》诗说："吾闻马周昔作新丰客，天荒地老无人识。空将笺上两行书，直犯龙颜请恩泽。"

马周由一个穷书生一跃而成一代名臣，关键就在于，他把一件看起来跟自己没什么关系的事，创造成了自己的机会。

有一个说法曾经很流行，叫作"姜子牙如果不遇到周文王，就只能钓一辈子的鱼；诸葛亮如果不遇到刘备，就只能种一辈子的地。"

意思是说，没有机遇，一个人本事再大，也是枉然。这听着似乎有道理，其实是把因果关系颠倒了。不是有了机遇才有姜子牙和诸葛亮，而是因为他们是姜子牙和诸葛亮，才会有这样的机遇。他们的机遇，不是无缘无故等来的，而是他们创造出来的。

世界著名文学家萧伯纳曾说过一句非常富有哲理的话："人们总是把自己的现状归咎于运气，我不相信运气。出人头地的人，都是主动寻找自己所追求的运气；如果找不到，他们就去创造运气。"

那么，怎么去创造机会或看运气呢？首先，要有准备。有句大家都很熟悉的话，机会总是青睐有准备的人。机会来了，只有准备好了，才能紧紧抓住。同样，只有准备好了，才能给自己创造机会。

比如马周，他要不是平日对国计民生深切关注，要不是对唐太宗的治国方略有深入研究，他就意识不到为常何做"枪手"是为自己创造一个好机会，意识到了也写不出这二十多条的对策，更不能在唐太宗召见时侃侃而谈，一句句都说到唐太宗的心坎上。

再比如诸葛亮，都说刘备"三顾茅庐"给了他机会，但诸葛亮的《隆中对》，是一天两天、一个月两个月就想得出来的？那是他长期研究天下大势的重大科研成果。诸葛亮几年的准备，就是为了给自己创造机会。

所以我们要想发现机会、创造机会、抓住机会，就要为自己设定一个目标，为这个目标做一个详细的规划，为这个规划做精心的准备。当别人以为你是幸运儿时，你自己心里清楚，一切都是因为你准备得比别人充分。

有个现代职场故事，说有赵、钱、孙三人，是合资公司的白领，他们都觉得自己很有能力，只是没有机会得到领导的赏识。小赵就常说，要是哪一天我碰到了老总，就好好地跟他谈一谈，说不定他就重用我了。只是公司的人那么多，小赵一直等不到这个机会。小钱呢，他觉得空想没有意思，他就打听老总的上下班时间，估摸着老总乘电梯的时间，就有意识地在这个时间段进电梯，希望能跟老总有个不期而遇。小孙也想到这一点，不过他没有单纯地“守株待兔”。他细细地了解了老总的方方面面，比如哪个大学毕业的，他最为得意的业绩是哪几件，平日有什么业余爱好，喜欢什么样的做事风格，然后精心设计了几句看似简单却能引起老总注意的打招呼的话。

终于，在电梯里“偶遇”过几次，混了个脸熟后，有一天老总漫不经心地问了他几句，小孙抓住机会，跟老总一番长谈，赢得了老总的重用。这个就是有准备与没准备、准备充分与不充分的区别。

其次，要会造势。一个默默无闻的人，与一个远近闻名的人，哪个人的机会多是不言而喻的。所以，为自己造势，引起别人的注意，打响自己的知名度，这实际上是为自己创造机会。

大家都知道周文王在渭水边遇上了正在钓鱼的姜子牙，这当然是姜子牙的机会。但这里还有一个重点，就是姜子牙钓鱼的姿势，他是用一个直的鱼钩，还离水三尺。钓鱼有这样钓的吗？没有。姜子牙就是要用这样一个匪夷所思的钓鱼方式，来吸引周文王的注意，提高周文王对自己的兴趣，这其实就是一个“事件营销”。

再比如诸葛亮，刘备为什么会去“三顾茅庐”，因为他听到很多人在说，这个诸葛亮自比管仲、乐毅——管、乐可是打仗治国最有本事的两个人。这还不算，刘备的军师徐庶，向刘备作了郑重推荐，并且说“此人胜我十倍”，刘备这才下决心一定要请到诸葛亮，就一连给了诸葛亮三个机会。诸葛亮的做法，就叫“口碑营销”。

所以我们平日，要有意识地想办法，让更多的人知道你，特别是让对你职业生涯有影响的重要人士知道。比如，要多参加一些集体活动，加入跟工作有关的论坛、微信群、QQ 群等，并在圈内多发言，多沟通，成为大家都知道的活跃人物。这样做，实际上是在营销自己，更是在为自己创造机会。

第三，要多尝试。大家都知道，美国人很喜欢换工作。这其中一个很重要的原因，就是通过换工作，可以做多种尝试，可以找准最适合自己的地方和位置。实际上，这也是在为自己寻找一个新的机会。

从中国国情来说，多换工作可能不应该鼓励，但在工作中，可以尝试着做一些岗位以外的事。比如有时领导布置一个貌似跟工作没多大关系的任务，比如让你策划个年会啦，组织一场春游啦，当然这肯定是义务劳动，还很可能是吃力不讨好的。这时候你就应该站出来，如果做好了，那么在领导眼里，你就比别的同事多了一种能力，假如某天需要这方面的人才，领导第一个就会想起你。

你不断地尝试“分外的事”，其实就是在不断地积累经验，不断地为自己拓宽施展才能的领域，也就是在不断地为自己创造一切可能成功的机会。也就是说，你在秀出自己能力的同时，也“多走了一步”，加深了领导对你的印象。

有位经济学家讲过这样一个故事，说在他工作的美国大学里，经常有华尔街或跨国公司的高级人员来讲演。他发现，不少听讲的学生，在面前放一张硬纸，上面用彩笔大大地写上自己的名字。这看起来没什么意义，因为与主讲者互动时，你可以举手示意，主讲者也可以很方便地说“那个穿白T恤的同学”，写名字完全是多此一举。但其实这并非多余，假如你的回答引起了主讲者——那可是一流的精英人物——的注意或是兴趣，他就会记住你的名字，这实际上是给自己带来了一个难得的机会。

有句话，叫作“愚者错过机会，弱者等待机会，强者把握机会，智者创造机会”，想想看，你属于哪一类，你又愿意成为哪一类?

职场论语

命运负责洗牌，但是玩牌的是我们自己！

机会从来不是偶然得来的，而是在一步一步地追求中全力以赴捕捉到的。要想获得机会，你就必须主动伸出手去抓，你就得行动起来，为机遇的到来做准备。

机遇如清水，无处不可流；机遇如月光，有隙皆可存。

来而不可失者，时也；蹈而不可失者，机也。——《代侯公说项羽辞》

肆

NO. 4

怎样不让“屁股决定脑袋”

曹操“挟天子以令诸侯”的大格局

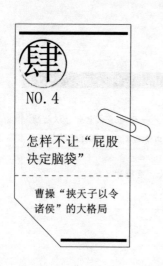

先说个笑话吧，讲的是某条街上的一个乞丐。这丐帮是一个江湖，乞讨也是讲规矩的，都划定了乞讨的地盘，你是这条街上的乞丐，就不能到那条街去讨饭。这乞丐运气不好，他的乞讨地盘上有钱人不多，乞讨得很辛苦。一天，这乞丐救了皇帝一命，这皇帝就要报答乞丐，说，你提个要求吧，只要我做得到，立即就给你办了。乞丐想了想，大声说：“请皇上把边上那条街划给我乞讨，那条街上有钱人多。”

知道乞丐为什么只能做乞丐了吧，因为他只具有一种乞丐的思维。他为什么会有这种乞丐的思维，因为他就是以一个乞丐的身份，来思考如何拓展他的乞讨事业，开创他的乞讨新辉煌。如果能把旁边那条油水足的街划给他乞讨，这无疑是他乞讨事业的最高峰，是乞讨界的一个传奇故事。

这就是典型的“屁股决定脑袋”，用文明一点的说法叫作“位置决定想法”。一个人坐什么位置，往往决定了他思考的角度和范围。

所以，用不着嘲笑这个乞丐，别看职场中的白领不是硕士就是海归，其实比起这乞丐来，也就是五十步笑一百步而已。不妨讲个真实的故事。

在一个房产公司里，有两个销售高手，一个是小赵，一个是小钱。这两人脑筋灵，干劲足，销售业绩远远甩开别人好几条街，两人轮流做“销售冠军”。后来公司要到外地开设分公司，就让这小赵小钱各自去带一个团队。这两人做营销是一把好手，做管理却是从头学起，艰难是可想而知的。更糟糕的是，管理岗位是按级别拿薪水的，他们两个临时负责这块，级别还没提上去，薪水不高,比起做营销拿提成来,差的不是一点点。小钱想,这也太亏了，干得累死，钱只有这么点儿，不如做营销来得实惠。于是就重回公司再做他的销冠。

没有了小赵这个竞争对手，他的提成拿得更多了，看来这一步是走对了。小赵呢，觉得负责一个团队，是锻炼自己管理能力、领导水平的好机会，自己不能一辈子做销售，总得要往上走。于是想方设法硬着头皮顶住。熬了一年后，开始走上了正轨，再过几年，他管理的团队成了全公司的标杆，他也因为业绩出色，从分公司调到总公司做了副总。这时候的小钱，还在做他的销售，而且由于年纪大了，做得也没以前好了。但他别的又不会，只能跟比他小十几岁的年轻人一起拼。

能力、起点、年龄、机会差不多的两个人，为什么一个能做副总，一个只能做销售，就在于当年的一个选择，而决定这个选择的，是他们的眼界。

一个只看到眼前，只看到真金白银的收入。一个却看到了几年之后，看到了收入以上的东西。一个是坐井观天，只看到井口那一片天，一个却是跳出了水井，看到了一大片的天空，这就是眼界区别。同样是搬砖，一个人觉得自己在砌一堵墙，另一人觉得自己在盖一座房，还有一个人认为自己在建造一座新的城市。二十年后，认为自己在盖房的也许会成为工程师，认为自己在建设新城市的也许会成为开发商，然而一直认为自己仅仅在砌墙的，他一定还在砌墙。

眼界的大小，对人的发展实在太重要。那么，怎样才能让自己走出屁股决定脑袋的困境，让自己看得更远看得更高呢？曹操“挟天子以令诸侯”就是一个好样本。

汉朝末年，天下大乱。先是大奸臣董卓把持朝政，胡作非为，把朝廷搞得一团糟，把一个十来岁的小皇帝欺压得跟孙子似的。后来董卓被杀，他的两个部将李傕、郭汜却联络了西凉军，杀到了京城洛阳。

他们抓了皇帝和文武百官作人质，在洛阳杀人放火，抢掠财物，把一个繁华的京城搞得如人间地狱。那些平日里锦衣玉食的官员们，到了这个时候，竟连饭也吃不上，只好在地里采野菜充饥，更有人被活活饿死。那个小皇帝，也好不到哪儿去，受尽了李傕等大小军阀的欺凌戏弄，狼狈不堪，根本没有一个皇帝的尊严。

但这个时候，曹操却表现出了对这个有名无实的小皇帝的极大尊重。他向献帝进献食品和器物，比如有一次就献了缝帐 2 顶，丝线 10 斤，山阳郡所产的甜梨 2 箱，椑枣 2 箱等等。这些东西对曹操来说完全不算什么，但对困窘中的汉献帝来说，无论是物质上还是精神上，都是雪中送炭。

建安元年（公元196年），曹操的重要谋士荀彧建议，应该主动向汉献帝表示忠诚，趁机把皇帝控制在自己手上，这是具有战略意义的一步棋。但荀彧的这一建议遭到了曹操手下许多谋臣武将的反对，认为这是自找麻烦。曹操却看出，尽管此时王纲不振，但统治全国数百年的汉室仍具号召力，皇帝在政治斗争中有着举足轻重的作用，于是当机立断，采纳了荀彧的建议。

这年八月，曹操带兵来到洛阳，向汉献帝表示忠诚。此时的汉献帝，孤家寡人一个，见曹操竟然在自己倒霉透顶的时候来拥戴自己，感动得眼泪都快掉下来，觉得这曹阿瞒真是天下第一忠臣，就封曹操为录尚书事、领司隶校尉，参与朝政。

一个月后，曹操说洛阳这地方太破败了，粮食供应不足，就把汉献帝及朝廷百官迁到自己的根据地许县，改名许昌，以为都城。这样，不但将汉献帝牢牢地抓在手中，朝廷百官也随汉献帝来到许昌，汉朝的官员就成了他曹操的官员。更重要的是，这样曹操比之其他军阀，显得更为名正言顺，赢得了大批知识分子的拥护，“许都新建，贤士大夫四方来集”，他们从各方面为曹操出谋出力，使曹操能“任天下之智力”，势力凭空壮大了许多。

在此之前，曹操只是几十个军阀中的一个，比起袁绍、袁术、刘表等，势力也小了许多。但控制了汉献帝之后，他大打“挟天子以令诸侯”这张牌。跟别的军阀打仗，讨伐令是皇帝下的。任命自己的亲信做朝廷大官，委任状是皇帝签字的。清除朝廷里不听话的政敌，诏书是皇帝下的。谁敢反抗呢？反对我曹某人就是反对皇帝，反对皇帝就是大逆不道，大逆不道者，全国共讨之，全军共诛之。

这么着，他与袁绍、孙权、刘表等军阀之间的争权夺利，就变成了中央政府对地方诸侯割据的讨伐了，所谓“挟天子而征四方，动以朝廷为名”。师出有名，名正言顺，以自己巨大的政治优势，置对手以被动地位，仗还未开打，就已经在布局上领先了。袁绍、孙策等在军事上或可与曹操一拼，但在政治上先就矮了一头。

后来曹操与袁绍决战，双方谋士估量战局，无不将曹操奉天子有义战之名，作为曹操政治上居于优势的重要砝码。这一点，连天才的诸葛亮也无可奈何，他在《隆中对》的时候跟刘备说了一句老实话，曹操“挟天子而令诸侯，此诚不可与争锋”，想想看，曹操这便宜占得有多大。曹操最后能够平定北方，统一大半个中国，靠的就是挟天子以令诸侯这一招。

当时大大小小的军阀几十个，为什么只有曹操认识到了汉献帝的价值呢？这就是因为曹操的眼界，比袁绍、刘表他们要高出一筹，他站得高，看得远，做起事来就领先了一步。那么，怎样培养曹操这样的眼界呢？其实我们可以从这个故事里深度分析一下。

一是像领导一样思考。汉献帝的价值，为什么袁绍他们认识不到。不是他们愚蠢，而是聪明过头了。他们是称霸一方的诸侯，想的是如何扩张势力，争夺地盘，他们最看重的，是队伍、是粮草，是出谋划策的人才。那个小皇帝，文不能搞阴谋，武不能动刀枪，有什么用呢？

事实上，在曹操之前，袁绍手下一个叫沮授的谋士也提出来过，要袁绍把汉献帝接来。但袁绍觉得，这简直就是平白无故地给自己找了个爹，你得要养着他尊重他，却什么用场也派不了，这不傻嘛？就干脆利落地拒绝了。

袁绍想得对不对，对的，做个称霸一方的军阀，弄个皇帝来确实是麻烦。而曹操呢，虽是个割据一方的军阀，他思考的却是如何统一天下，他是站在一个皇帝的角度来考虑这个问题的。要号令天下，要凝聚人心，让天下人都承认他曹操，这皇帝就很重要了。这就叫眼界越宽，境界越高，心有多大，舞台就有多大。

所以，我们在做工作时，如果只把眼光盯着工作本身，只满足于把手头的工作做好，那你很可能就永远只是做这个工作。你必须要试着用你上级的眼光来看自己的工作。

我的这一工作，对整个全局有什么价值和意义？如果我是领导，我希望这工作做到什么样的地步？我在哪个方面努力，会对全局产生积极的意义？经过这样思考后做出来的工作，领导肯定会满意。当你的方案被领导否定，先不要埋怨领导有眼不识金镶玉，而是要想一想他的层次和需求，我的方案里有没有切合他最迫切关注的那个点？长时间站在领导的角度上看待问题，久而久之就会形成领导的思维，这样距离你当领导也就不远了。

二是用三年后的眼光来判断。曹操把汉献帝迎到自己的根据地，等于是拿自己的税收来额外养了一个中央政府，吃亏不吃亏？从眼前看，当然是吃亏的。而“挟天子以令诸侯”的好处，却是要慢慢地体现出来的。

曹操的过人之处，就是他站在三年后甚至更远的未来来分析判断现在。他看到了把汉献帝控制在自己手里，会给以后称霸天下带来不可替代的优势，这样一比，眼下多养个千把人，又算得了什么呢？

有句话，叫作“你现在的生活是你三年前决定的”，那么，如果你现在能用三年后的眼光做决定，那你三年后的生活岂不是高出了别人一大截？道理就是这么的简单。人站在当下角度看问题，会存在很多局限性。而从高处和长远的角度看，很多事会变得简单而清晰，你的思维也会摆脱当前身份的局限，实现更大的突破。这就叫“莫为浮云遮望眼，风物长宜放眼量”。

三是延迟自己的满足感。这话听着有点费解，能开心为什么不开心呢？为什么要把满足感往后推呢？还是说曹操的事吧。袁绍在自己的地盘上就是土皇帝，想干什么就干什么，想怎么做就怎么做，爽不爽？当然很爽。曹操呢，迎来汉献帝，等于给自己找了一个名义上的爹。尽管他是实际上的一把手，但表面功夫还得做，还得走程序请示汇报，还得把汉献帝当作老大，烦不烦？

当然很烦。但曹操借着汉献帝这块牌子，占足了便宜，最后把袁绍灭了。

袁绍一家全都死光光，他曹操做了太上皇，儿子曹丕取代汉朝做了魏国的皇帝，这时候再看看，到底是谁更爽呢？这就叫延迟自己的满足感。是延迟，不是不要，延迟等来的，是更大更高的满足。

就是说，把自己的目标设得大一点高一点，眼前这么点的薪水、辛苦都可以牺牲，为的是几年后更大的满足。

“今日头条”的创始人张一鸣，大学毕业后加入酷讯，第一年是一个普通的工程师，第二年就负责一个四五十人的团队。他说，我成长得这么快，不是因为我技术最好，更不是我有经验。主要原因有两个，第一个原因是，工作不分你我。做完自己的工作后，对于大部分同事的问题，只要能帮助解决，他都去做；第二个原因是，做事不设边界。他负责技术，但遇到产品上有问题，也会积极地参与讨论。这样做，可能不大容易获得满足感。但张一鸣说，在此过程中，你会变得更有耐心，标准更高，目标更大，做事更从容专注，不计较眼前的利益，不在意一城一池的得失，对一时的成功看得淡，对短暂的失败不恐惧。最后的结果，恰恰是成长得最快，笑到了最后，成为一个事业和生活的成功者。

经典职场论语

眼界高于能力，能力大于所得。

谋大事者必要布大局，对于人生这盘棋来说，我们首先要学习的不是技巧，而是布局。

我的员工中最可悲也最可怜的一种人，就是那些只想获得薪水，而对其他一无所知的人。——杰克·韦尔奇

再大的烙饼也大不过烙它的锅。未来的人生就是这张大饼，是否能烙出满意的“大饼”，取决于烙它的那口“锅”——“格局”。

一棵石榴种子的三种结局：放到花盆里栽种，最多只能长到半米多高。放到缸里栽种，就能够长到一米多高。放到庭院空地里栽种，就能够长到四五米高。这就是格局的力量。

伍

NO.5

如何自我营销“秀出自己”？

陈子昂的“四项基本原则”

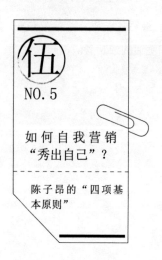

职场上什么样的人才是赢家？当然是优秀的人。那什么才是优秀呢？很简单，那就是一要“优”，二要“秀”。

第一，你的素质要优，你的业绩要优，职场说到底是要讲实力的。第二，你得要学会“秀”出自己，让大家看到你的优点，认可你的实力。在职场上，能优和会秀，几乎是可以相提并论的职业素养。

“秀”，真的有那么重要吗？有道是“酒香不怕巷子深”，“是金子总是会发光的”，只要自己有足够的实力，会秀不会秀又有什么关系呢？这话不能说没有道理，但跟任何“俗话说”一样，都有其片面之处。

比如说，你的实力和别人差不多，那么，会营销自己的跟不会营销自己的，哪个希望更大？如果不是自己主动去展示自己，会不会有领导专门拿着放大镜来发现你的优点？再比如说，怀才如怀孕，时间久了肯定藏不住，但职场晋升也是讲时间讲台阶的。人家一“怀孕”就让人知道了，你要生下孩子来才知道，是不是已经晚了大半年？这大半年一过，说不定人家已经又上了一个台阶。一步领先步步领先，这也是职场晋升的规律。不错，酒香不怕巷子深，但同样的酒，放大街上与藏在深巷子里，哪个卖得快？

有句话，叫作“光说不练假把式，光练不说傻把式，又练又说真把式”，光练不说，其实也不能说是傻，但明明你练得很好，却因为不说，而错过了很多的机会，是不是很可惜？

我有时也听到有人抱怨说：某某人，其实也不比我好，但领导眼里为什么偏偏只有他，没有我？或者说，同样是做事，某某做的事，领导总是提起，我做的事，领导却似乎并不知道，真是想不通。其实，也没什么好想不通的，道理很简单，就是他会秀出自己，你呢，不知道营销自己。

所以，他借着某个机会一鸣惊人，你却还是在原地踏步。当然，要是觉得默默无闻，活得挺自在，那也是一种活法，这样的淡定人生也值得佩服。但要是想有所作为，那还是得换个思路。

唐代大诗人陈子昂一举成名的故事，或许可以有所启迪。陈子昂的《登幽州台歌》：“前不见古人，后不见来者，念天地之悠悠，独怆然而涕下。”可谓是千古名篇。能写出这样震撼人心的诗句，陈子昂的才华肯定是不用说了，绝对是全国一流的。但意外的是这样一流的诗人，最开始的命运也是很坎坷的。

陈子昂出生于四川，到了20多岁，诗歌写了不少，怎么说也应该拿个“青年文学之星”，评个“十大杰出青年”了，但他什么也没有。于是年轻气盛的陈子昂就来到唐朝的首都长安，做了一个“京漂”，寻找机会。想不到的是，长安地方虽大，大人物也很多，但还是跟小地方一样的势利。

京城的诗坛，就是没有他陈子昂的一席之地。好好的一坛美酒，就这样被生生闷在了深巷子，寂寞地散发着酒香，无人欣赏，这不应该啊。问题就在于，陈子昂是足够的“优”了，但他还不会“秀”。

一天，陈子昂在街头闲逛，见有人手捧胡琴，以千金的天价出售，边上围满了看热闹的人。围观者虽多，但谁也不知这琴到底是什么来历，不敢贸然下手。这时，陈子昂分开众人，二话没说，掏钱买下。围观者一片哗然，纷纷问他，这胡琴到底有什么了不起的地方，你为何肯出如此高价?

陈子昂一副胸有成竹的样子："我擅弹此琴，请各位明天到住处来，我为大家演奏一曲，到时便知此琴妙处。"

千金买一把胡琴，就像现在用一百万买一把二胡，这人若不是个疯子便是个奇才，陈子昂一时成了新闻人物。第二天，陈子昂的住所围满了人，多是长安城里的权贵名流，大家都要听听这年轻人的独奏音乐会。

陈子昂手捧胡琴，奋然站立，神情激愤："想我陈子昂虽不敢说有惊天动地的诗才，但也是立志于做一个大诗人的。我从巴蜀进京，带来精心创作的几百篇诗歌，四处求告，不料堂堂京城，竟然无人赏识。这胡琴不过是伴奏歌舞的乐器罢了，跟诗文岂能相提并论? 我陈子昂这样的有为青年又岂能弹它！"说罢，举起胡琴奋力一摔，千金之琴顿时粉碎。在围观者惊愕的目光中，陈子昂拿出自己创作的诗歌，一一送给众人。一时之间，“青年诗人不忿世俗，当众激摔千金之琴”的新闻传遍了长安城，大家都想看看这个“愤青”的诗写得怎样。一看，还真是写得好，于是，陈子昂之诗名满长安。不久，陈子昂就中了进士，官至麟台正字、右拾遗。

陈子昂的故事，可以给今天的职场新手提供一个“优而秀”的样本。这个故事虽然简单，却是一个自我营销，秀出自己的经典案例。概括一下，这个案例说出了自我营销的“四项基本原则”。

第一个原则是：精心设计第一次亮相。陈子昂的摔琴赠诗，相当于一次新闻发布会，首次公开正式的亮相，取得了圆满成功，为他后面的发展打下了良好的基础。

心理学上有“首因效应”，又称第一印象效应，是指第一次亮相留下的印象，会在对方的头脑中占据着主导地位，比以后得到的印象产生的作用更强，持续的时间也长。所以，职场新手一定要精心准备好自己的第一次亮相，比如在领导组织的座谈会上第一次发言，比如工作第一年的年度工作汇报，比如第一次向领导正式汇报工作，比如第一次带着一个团队完成任务，那真正是只许成功不许失败，一旦搞砸，以后再要挽回，就要花出数倍的功夫。

唐代的大诗人孟浩然，跟陈子昂一样，也是才华横溢，却一直没有成名。孟浩然来到京城，找到在朝廷为官的老朋友王维想办法。当时唐朝的中央机关有在中秋时开诗会的惯例，王维就把孟浩然带到了这个高大上的诗会上。

诗会一开始，众名流既矜持又客气，互相推让，孟浩然却大大方方地走了出来。众人一惊，此人风神俊朗、卓尔不群，谁呀？哪个部门的？不由得刮目相看。

孟浩然顿一顿，朗声吟诵道：“微云淡河汉，疏雨滴梧桐。”

这两句诗一出，顿时秒杀所有在场的人，没人敢跟着吟诗。孟浩然一下名声大噪。显然，这第一次的亮相，是经过了王维孟浩然精心策划的。

第二个原则是：展示出最好的自己。陈子昂为什么要砸琴？他要是先弹上一曲，说，别看我琴弹得不怎么样，可我的诗好着呢。然后再分派自己的诗作，那效果就会很糟糕。很多人就会想，这小伙子琴都弹不好，诗会好到哪里去呢？

虽然写诗和弹琴没多大的关系，但世人就是这样，对人的某个方面产生了印象后，就会据此来推论他的其他方面，这在心理学上叫作“晕轮效应”，就像月亮周围的大圆环（这个称之为月晕）是月亮光的扩大化或泛化一样。所以，营销自己时，一定要把自己的最好的一面展示出来，一旦取得了认可，那人们就会有意无意地忽略你的不足。为什么做广告的喜欢找名人代言，说起来，就是利用名人的“晕轮效应”。

司马相如是西汉时有名的文人，连鲁迅都说“武帝时文人，赋莫若司马相如，文莫若司马迁”，司马相如是可以跟写《史记》的司马迁相提并论的。

司马相如是蜀郡成都人，家里很穷，但他博学多才，诗赋写得好不说，琴弹得也很不错，倒是比摔琴的陈子昂多了一样本事。

一日，当地有名的富豪卓王孙举行宴会，司马相如来到会场，弹了一曲《凤求凰》，一边弹，一边吟唱，那真是技惊四座。卓家的大小姐卓文君，此时新寡在家，正无聊郁闷中，听到这缠绵优雅的琴声，一下子就被打动了，又见司马相如玉树临风、秀美多姿，深深地爱上了他。卓文君遂不顾家里的强烈反对，跟着司马相如私奔了。来到司马相如家里，这才发现这风流潇洒的才子，原来是个家徒四壁的穷光蛋，但那也无所谓了，她已经陷入爱情而无法自拔了。

“文君私奔”成了一段爱情佳话。设想一下，要是司马相如先把卓文君请到家里，卓大小姐一看这穷小子家贫如洗、不名一文，印象肯定不会好，她还有心情听你吟诗、听你弹琴吗？立马掉头就走。司马相如的“琴挑”,就是充分利用“晕轮效应”秀出了自己。

第三个原则是：影响有影响力的人。陈子昂为什么要砸一把千金之琴？反正是要砸掉的，买根笛子砸砸好了，何必烧钱呢？其实这也是有他的道理的。

千金之琴，吸引来的，肯定是高端人士。他们一说陈子昂的诗好，一下子就传遍了京城。而一根短笛，便宜是便宜了，但来听的大概只能是牧童。陈子昂的诗，牧童能欣赏吗？会去传播吗？所以营销自己，如果能让有影响力的人来为你“背书”，就更可能一鸣惊人。

唐代的大诗人白居易，在文学史上名气可能比陈子昂、孟浩然还要响一些。但当年，他也是和陈子昂、孟浩然一样，苦于不能成名，也来到京城长安寻找机会。

白居易找到了诗歌前辈顾况，献上自己的诗作。现在我们不一定知道顾况，但在当时，他绝对是文坛大佬，一言九鼎。

见到白居易，顾况调侃着：“小白啊，你名叫居易，这长安城房价高物价贵，要居下来可不容易哪。”等到翻开诗卷，读到“离离原上草，一岁一枯荣。野火烧不尽，春风吹又生”，不由得又惊又喜，说：“你有这样的诗才，白居也容易！”有了文坛领袖顾况的这一番话，白居易就此声名鹊起，一下子红遍了大唐诗坛。

白居易影响了顾况这个有影响力的人，再通过顾况影响了无数的人，这就叫“名人效应”。

当然，名人效应要做得好，那必须要有三个“行”，一是自己行；二是有人说你行；三是说你行的人行。

第四个原则是：借助事件增加曝光率。陈子昂为什么要砸千金之琴，吸引高端人士是一个因素，还有一个原因，无缘无故地砸了一把很珍贵的琴，能成为一个吸人眼球的事件，能上App、微信公号的头条。同样是砸，砸一百万的跟砸一百块的，反响能一样吗？这就叫事件营销。

所以，要迅速打响知名度，提升影响力，借助事件来炒作，让自己成为新闻人物，也是一个很有效的手法。还有一个唐代诗人的故事，也很好地体现了这一点。这个诗人叫贾岛，诗写得很好，名气却不大，穷得只好住在寺庙里。一天，身为京兆尹（相当于长安市的市长）的韩愈，带领一队人，浩浩荡荡地行进在长安城大街上，突然一个穷书生骑着毛驴，冲进了韩大人的车队。这是要拦轿告状呢还是图谋不轨？都不是，是诗人贾岛正想着他的诗，入了神，连路也不看。

韩大人问贾诗人，你想的啥诗呢？贾岛说，我写了一句诗“鸟宿池边树，僧推月下门”，这用“推”字好呢还是用“敲”字好呢？韩愈就停在大街上，沉思有顷，说，还是用“敲”吧。从此世上就有了“推敲”这个词。

于是“痴迷诗人冲撞市长、爱才市长指点诗人”的佳话，上了长安各大媒体的头条，而这一事件的主角贾岛，自然也成了家喻户晓的著名诗人了。

说了这四条原则，其实还有一个中心，那就是自己的能力为中心。优秀优秀，优在前、秀在后，两者不可颠倒。所有的自我营销，都是建立在自身实力的基础上的。如果你是好的“产品”，拥有好的销售技巧，是锦上添花；否则，即使有再好的销售技巧，品质不过关，最多也就是昙花一现。

经典职场论语

不患人之不己知，患不知人也。——《论语·学而》

你若想得到这世界最好的东西，先得让世界看到最好的你。

没有整洁的外表，根本没人会去在意你美好的内心，这就是现实。

你可以选择这样的“三心二意”：信心恒心决心；创意乐意。

老板需要你埋头苦干，但老板看不见埋头的人。

做你没做过的事情叫成长，做你不愿意做的事情叫改变，做你不敢做的事情叫突破。——沃伦·巴菲特

陆

NO. 6

你会管理自己的能力吗？

褚遂良教你过好“斜杠人生”

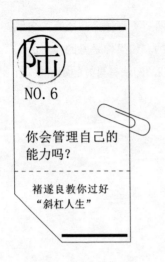

有个笑话，大家肯定听过，说是一群老鼠被一只猫追得抱头鼠窜，那可真的是“鼠窜”。突然一只老鼠急中生智，躲到一个拐角后面，“汪汪汪”地学了几声狗叫。猫一听，不好，狗追过来了，立即掉头就跑。这只老鼠感慨地说，看，多学一门外语还可以救命啊。

假如老鼠有名片，那么，别的老鼠只能印上“打洞技师”这样的头衔，而这只老鼠呢，就可以当仁不让地印上“打洞技师 / 口技演员”。用一个时髦的词来说，这只老鼠，就是一个“斜杠鼠辈”。

“斜杠”这个概念，是《纽约时报》的专栏作家麦瑞克·阿尔伯，在她撰写的书籍《双重职业》中提出来的，是说一个人同时拥有多重的职业身份，比如身为会计师，又是画家，还是一个培训师，这样，在他们的简历中、名片上，就会写上会计师 / 画家 / 书法家，这样的人，被称之为“斜杠青年”。一个有斜杠的人，往往就意味着拥有更多的人脉、技能、社会阅历，他的人生或许就会有不一样的精彩。

像上面那个笑话里的老鼠，说一根斜杠救了一条命，当然是夸张，但在很多时候，斜杠能把你的能力发挥到极致，能让你在职业生涯中有更多的机会，这倒是真的。

我有个“忘年交”朋友，比我小了近20岁，名校经济学专业毕业，在基层工作。这个单位呢，比较讲究按部就班、论资排辈，要迅速冒出来有点难。这小伙子平日喜欢写作，在学校里还是文学社的。到了机关，小诗小散文自然是不能写了，他就给报纸写起了经济时评。

经济时评这东西，说难不难，也就是一篇千字文，把道理讲清楚就行了。但说容易也不容易，一是要有点理论功底，不能说外行话。二是要联系实际。大学里的老师，理论水平当然很高，但本地的实际要是不了解，这报纸时评就难写。三是报上的时评，要讲究个导向。比如市政府刚出台的政策、措施，你这时评，就要跟上，配合好，要帮忙不添乱，要对市里的经济动向很了解，这就不是一般人能做到的。

而这小伙子呢，这三点样样符合，所以他的经济时评就很受欢迎，读者爱看，领导也高兴，觉得这经济时评接地气、讲政治，推动了工作。而他呢，因为要写好时评，就得研究市里的经济政策。也要锻炼自己的写作水平，怎么样既简明又生动地把一个道理讲清楚。

这样几年下来，好歹也算是个小有名气的专栏作家了，在新闻媒体甚至市内外的经济学家中，也有几个朋友了。后来部门要提拔一个副处长，领导想都没想，就他了。为啥，精通经济政策，会分析问题，会写材料，人脉也广，这样的人不用，用谁？部门里同事也很服气，文章确实是他写得好嘛。这小伙子的成功，就在于他在公务员之外，发展了一个斜杠——专栏作家，这两者又是互相促进的，就把他的能力充分地发挥出来了。

事实上，环顾我们的周围，斜杠青年并不少，而且是越来越多。他们有的是想多一份兼职，多一份收入；有的是对本职工作有危机感，想为自己的转型留一条后路；也有的纯粹是因为自己的业余爱好。当然也有像上面说的这个朋友一样，立足于本职来发展斜杠的。

斜杠青年虽多，做得成功的也有不少，但因斜杠而使自己陷入窘境的也有许多。他们由于分散了时间和精力，两头不能兼顾，结果是鸡飞蛋打，本职做不好，斜杠也得不到发展，领导眼里是不务正业，自己是每天疲于奔命。于是就很想不通，按说我能力也不是太差啊，怎么人家两个甚至三个斜杠都在做，我一个也做不好呢？

所以，同样是斜杠青年，有的是左右逢源，风生水起，有的是顾此失彼里外不是人，问题出在哪里呢？这里以一个唐朝人的故事为例来说说。

这个人叫褚遂良。唐太宗临死前，把太子李治托付给长孙无忌和褚遂良两位大臣，其地位可说是一人之下万人之上了。

说起来，褚遂良是在遇上唐太宗之后，才开始飞黄腾达的。此前他做过隋朝的小官，后来追随叛臣薛举，当薛举被唐太宗剿灭后，他投降了唐朝。按说他一个降臣，能混得下去就算不错了，凭什么一步步上位呢，这就跟他的斜杠技能——书法有关系了。

褚遂良家学渊源，从小就博学多才，书法更是出色。但他一直把处理政务作为主要工作，书法只是他的一个业余爱好。褚遂良先是在李世民的秦王府里任铠曹参军，就是掌管兵器铠甲等事务。后来李世民做了皇帝成了唐太宗，需要一名官员负责写“起居注”，就是把皇帝日常的一言一行全都记录下来。这个官员，必须要品行端正，实事求是，不对皇帝阿谀奉承，同时书法也要漂亮，这样的“起居注”才有皇家的气派。这人选，自然是非褚遂良莫属。

褚遂良为人耿直，坚持原则。有一次，唐太宗问褚遂良：“你记的那些东西，我能看看吗？”

褚遂良回答说：“自古以来的规矩，皇帝是不能看他自己的‘起居注’的。”

唐太宗又问：“我如果有不好的地方，你一定要记下来吗？”

褚遂良回答得十分干脆：“我的职责就是如实记录，皇上您的言行，无论善恶，我是一定会记录的。”这样一来，唐太宗反而钦佩他的人品。

唐太宗本人也是一个狂热的书法爱好者，他是王羲之的铁杆“粉丝”，曾下令在全国搜集王羲之的真迹，然后让褚遂良等人进行鉴别整理。能见到那么多的“书圣”王羲之的真迹，褚遂良的书法水平也得到了明显的提升。

贞观十二年，唐太宗奉为老师的大书法家虞世南去世了，唐太宗叹息着说：“虞世南一死，我再也找不到人谈论书法了！”

大臣魏征马上向他推荐了褚遂良，说：“褚遂良笔力遒劲，几乎追得上王羲之了。”唐太宗喜出望外，即刻任命褚遂良为“侍书”。

所谓“侍书”，就是专门指导皇帝练习书法。

就这样，褚遂良与唐太宗在朝廷是君臣关系，在书法上，则是亦师亦友，两人关系一下子密切起来。唐太宗看到褚遂良为人正直，学识渊博，政事处理得当，自然就加以重用。褚遂良有了“书友”唐太宗的提携，官职一路上升，最后做到了尚书右仆射，执掌朝政大权。假如当时有名片的话，褚遂良或许就会印上：大唐尚书右仆射 / 书法家。

像褚遂良这样，仕途和书法都做到了当世第一，这显然是可遇不可求的，但褚遂良这样精彩的斜杠人生，还是可以对我们在发展斜杠时，有所启发的。在褚遂良身上，至少有这么三条值得借鉴。

第一，做强主杠才能发展斜杠。褚遂良的书法那么好，一个重要的原因，是他有条件可以观摩研究所有的书法珍品。褚遂良书法家的名气那么响，一个重要的原因，就是全国重要的纪念碑文，往往是由唐太宗、唐高宗亲自撰文，由褚遂良书写的，有皇帝跟他一起“合作”，这就确立了他在书法界至高无上的地位。而之所以能做到这两条，都是因为他是朝廷重臣的关系。也就是说，他的主业，发展了他的斜杠。

从这里我们可以得出两个结论。一是千万不要主业还没有做出成就来，就匆匆忙忙去发展斜杠。一般说来，在入职五六年内，切不可妄想去做一个斜杠青年。理想中的斜杠，应该是主杠自然而然地延伸开来的。

比如你是做广告设计的，在业界做出了名气，有了自己的心得，有空的时候，把自己的想法梳理一下，写下来，或者去培训机构里指导学生，这样，专栏作家、培训师就成了你的斜杠。要是你没有一技之长，你拿什么去写作呢？拿什么去教人家呢？结果只能是两边都做不好。

二是主业做出成就来了，斜杠就会水涨船高。因为你在主业形成的能力、知名度，会迅速让你在斜杠上打开局面。我们知道方正的字库里有种字体，叫“静蕾体”，是把徐静蕾手写书法设计成电脑里的一种字体。徐静蕾的书法当然很不错，但客观地说，全国写到徐静蕾这个水平的有很多。但为什么只有徐静蕾一人有字体？因为徐静蕾是著名演员，有着极大的知名度。徐静蕾在演艺界的名声可以让她的书法广为人知，她的粉丝会对她的书法“爱屋及乌”。徐静蕾可以在名片中打上著名演员 / 书法家，你要没有她这个知名度，这个斜杠就没法打。

第二，斜杠最好能够推动主杠。如果主杠与斜杠是毫不相关，那你等于一个人在做两件事，时间精力说不定就会有问题，但如果两者能够形成良性循环，主杠带动了斜杠，斜杠又反过来推动了主杠，那就事半功倍了。

比如褚遂良，他作为一个官员，政绩出色，对他的书法艺术和知名度都有提升；而作为一个书法家，能够和他的老板，书法发烧友唐太宗亦师亦友，深得信任，这显然有利于他仕途的发展。两者就形成了良性循环。再比如前面说到那位朋友，他在经济综合部门工作，他写经济时评时，主业就成了他在斜杠上的优势，别人是无法在这一点上与他竞争的。他要是写诗歌、写网络小说呢，主业基本上帮不到什么。

另一方面，也要学会发掘斜杠与主业中重合的部分，特别是在斜杠职业中可以学到、并能运用在自己本职工作里的技能、知识与视角，比如写经济时评，可以认清经济去向、分析经济现象、理清自己的思路、提高写作的能力，这对于在机关工作的人来说，肯定会成为独特的优势，帮助自己更好地应对本职工作。

所以，我们发展斜杠，一般是要发展跟自己主业相关联的爱好。这样，在斜杠职业中学到的技能、知识，就能运用在自己本职工作里。

比如你业余做培训师，肯定会提升你与人沟通的能力，鼓动情绪的能力，这对于你在工作中领导、管理一个团队就很有好处。或者是斜杠职业给你提供了一个不同的角度，可以对主业有与众不同的认识和理解，比如一个广告设计师去兼职做培训，学生们幼稚的作品、不成熟的观点，或许可以让他始终在设计上保持新鲜的感觉，甚至启发他形成一种独特的思路。

第三，要有较强的自我管理能力。我们看《旧唐书》《新唐书》中对褚遂良的记载，大多是讲他在政治中的作为，可见褚遂良并没有因书法而荒废了工作。唐太宗也是如此，书法家是他的斜杠，他酷爱书法，甚至把王羲之的《兰亭序》都带到了坟墓里，但他的主要精力，也还是做皇帝，所以他能开创“贞观之治”。

反面的例子也有。像宋徽宗，他的主业是皇帝，他有许多的斜杠，书法家、画家、音乐家、诗人，但他过分痴迷于艺术，没有心思来管理国家，结果朝政搞得一团糟，国破家亡，自己也做了金国的俘虏。

所以，你如果要做一个斜杠青年，必须得是一个具有较强的自我约束能力和自我管理能力的人，懂得如何合理地分配时间、打理自己的知识体系、控制好自己的精力。同时你还要有投入产出比的概念，要记得评估一下，你在斜杠上投入的时间、精力、热情，到底给你带来了什么，值不值得。

为斜杠而斜杠，就会把有限的精力分割成不同的部分，而不能专一解决一个问题，很容易错过职业上升的黄金时间。这，绝不是一个成熟的职场人该做的。

经典职场论语

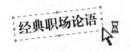

斜杠青年并不是指多重的爱好，而是每一个斜杠后面都代表着一种生存技能。

选择一种能够拥有多重职业和多重身份的多元生活，这是互联网时代的职业特征，也是互联网时代自我价值多元化的表现。

人生就是一个不断抵押自己的过程。你会的越多，你的可抵押资产就越多。

自我定位不是我喜欢什么，而是我和别人比，强在什么地方。

工作不是我们人生的全部。我们需要在工作之外，寻找自己人生的春天。

柒

NO. 7

怎样成为“专业大牛”？

庖丁教你技艺升阶之道

人在职场，总想着一步步向上走。

比如先好好做上几年，然后在部门带个小团队，然后升职，然后再好好干，然后再升职。当然，不可能总是升职，升个三四次，也就算是人生赢家了，这职场之路就很圆满了。

听到这里，有的朋友可能就比较郁闷了。做领导、做主管，那也不是谁都能做的。比如有的人，性格内向、沉默寡言，不擅长与人沟通交流，也不乐于做策划搞营销，就想一个人静静地做点自己喜欢的工作，把手头活做得漂亮一点。这样的人，听起来，好像天生不是当领导的料，改也改不来，那是不是这辈子没法在职场出头了？

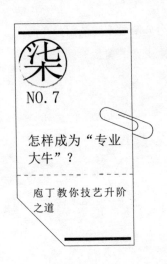

当然不是的。有句话，叫作“上帝为你关上一扇门，也一定会为你打开一扇窗”，做领导这扇门是关上了，但还有一扇窗，那就是做专业大牛。你不是喜欢一个人静静地做活吗？那么把自己的专业水平做到极致，在这个专业领域内做到顶尖，做到别人望尘莫及，照样在职场上赢得领导重视、同事尊重，混得不比做领导的差。

看过《射雕英雄传》吧，黄蓉多才多艺，聪明能干，能说会道，八面玲珑，她就很有领导的潜质。所以领导一个大丐帮，做得风生水起。而郭靖呢，笨嘴笨舌，质朴木讷。他要做丐帮帮主，非搞砸不可。但他一门心思练武功，把降龙十八掌练得炉火纯青，在武功上是不折不扣的专业大牛。郭靖在江湖上的地位，比起黄蓉来那是只高不低吧?

所以说，你要是做不了黄蓉，那也没关系，做郭靖也不错嘛。

当然，你可能觉得《射雕英雄传》毕竟是小说，人物都是虚构的，没有什么参考价值。这里，我们就来说说一个古人的故事。他的职业是一个大厨，他最大的本事呢，那就是宰牛。对，你肯定知道了，这个故事就叫“庖丁解牛”。

这个庖丁，是梁惠王的御厨，梁惠王又叫魏惠王，就是春秋时魏国的国王。名字前面加个职业，在春秋时候，不是全国最好的专业人士是没有这个待遇的。可见，庖丁在厨师这个领域，已经是全国最有名的厨师了。梁惠王就把他招过来，专门为自己烧菜，也算是做厨师的最高荣誉了。那么，这大牛是如何炼成的呢?

据说庖丁最高超的技艺是宰牛，连梁惠王听说了，也特意来看他如何宰杀。只见庖丁不慌不忙，摆好姿势，他手接触的地方，肩膀靠着的地方，脚踩着的地方，膝盖顶住的地方，你仔细观察，都是恰到好处。更有趣的是，跟牛身接触时，还会发出一阵阵有节奏的声响。即使是刀子刺进牛的身体发出的声音，听起来也是合着音乐的节拍，非常有节奏感的。这个庖丁，几乎是把杀牛这件事表演出了跟着音乐跳舞的感觉。

梁惠王是个见过大世面的人，见到这个场面，也不禁大声喝彩："哎哟，厉害了，技术竟然还能高明到如此地步？"

梁惠王一问，庖丁就放下刀子，介绍起心得体会了。他说，这个，当然全是练出来的。我开始宰牛的时候，看牛就是整一头牛。练了三年，再看这牛，就不是全牛了，而是一根根的骨头、一条条的筋、一块块的肉。再到了后来，连眼睛也不用看了，只凭着感觉，就知道这刀子往哪个地方走。我宰牛的时候，手中的刀，会自然而然顺着牛的身体结构，刺进大的缝隙，切入骨节间的细细空间，那些脉络相连、筋骨聚结的地方，我的刀碰都不会去碰它。一个好厨师，一年换一把刀，那是他宰牛时用刀来割肉。一般的厨师，一个月换一把刀，那是他宰牛时，用刀来砍骨头。而我手中这把刀，用了整整十九年，宰的牛大概也有几千头了。但你看看这刀刃，还像是刚刚磨过一样。说起来其实也简单，因为这牛，它的骨节处其实是有缝隙的，只是你的眼睛看不见。而我这把刀呢，又是极薄极薄的，当这刀进入骨节缝隙时，根本连骨头都不会碰到，这刀当然也就不用磨了。

庖丁又说，宰牛这活，最难的就是筋骨交错聚结的地方，每当这时，我就打起精神，小心翼翼，放慢动作，轻轻地使着刀，慢慢地切进去——听听这话，知道的明白他是在宰牛，不知道的，还以为是外科医生动手术。

这种外科手术式的宰牛术，最后是"哗"的一声，一头牛骨肉分离，像一摊烂泥摊在地上。庖丁大功告成，提着刀环顾四周，悠然自得，心满意足。他仔细把刀擦拭干净，收藏起来，在掌声和鲜花中准备下一次的表演。

听到这里，你或许不以为然，不就杀个牛吗，也值得如此显摆？是的，还真值得显摆。先秦时候，一个好厨师，地位还真是不低的。伊尹曾经辅佐商朝五代君王，在朝五十余年，是商朝立国之初最大功臣，他就是厨师出身。因为烧菜烧得好，成了商汤王的私人厨师，备受信任，他不仅调理好了商汤的胃口，还开发出整套治理国家的方法，“治大国若烹小鲜”这句名言，说的就是他。

据说，梁惠王听了庖丁解牛的现场演讲，领悟到了养生之道。说实话，我把这故事翻来覆去看了好几遍，只看到杀生，没看到养生。不过，倒是从中领悟出了几条专业大牛的养成之道。和大家分享一下。

一是始终只做一件事。庖丁最后一把杀牛刀用了十九年，那在他神技练成之前，至少也得杀了十几年的牛吧。这样说来，庖丁这几十年，做的就是一件事：宰牛。这就是庖丁的成功之道，一生只做一件事。

所谓“简单的事情重复做，你就是专家。重复的事情用心做，你就是赢家”，庖丁就是一个证明。一个人的精力是有限的，一个人的天赋更是有限的，能同时把几个领域的事都做到极致的，那只是极为罕见的天才。

所以，你要在某个专业领域上领先于99.99%的人，只有把全部的时间和精力都投入到这一件事中，才有可能。你想想，假如大家每天工作十个小时，别人十小时做了三件事，你只做一件事，你等于比人家多花了两倍的时间，想不做好也难了。十几张纸摞成一叠，一把刀未必能刺穿，细细小小的订书针却能一下子就穿透，订书针肯定不如一把刀坚硬锋利，但它把力量全集中在两个点上，就有了比小刀更强的力量。

所以，你要想在专业上超越同事，就只能始终只做一件事。一旦认准了一件事，就要锲而不舍地做下去。你要学郭靖，专心练武功，就不能学黄蓉，武功也练，数学也学，烧菜也会，诗词歌赋样样都懂。连黄蓉这样绝顶聪明的人，都做不到样样精通，一个普通人要是贪大求全，简直就是自取其辱。其实看看成功的范例，那些在专业领域出类拔萃的人，其天资不一定是最高的，他们的成功只在于全身心投入做一件事。世界首富洛克菲勒有句名言，叫作“只有偏执狂才能成功”，什么叫偏执，一生只做一件事，这就是偏执。

二是始终不放弃。庖丁向梁惠王介绍说，好的厨师一年用坏一把刀，一般的厨师一个月用坏一把刀，这可以看作是他的经验之谈，在他进入大师境界之前，肯定也经历了一个月用坏一把刀、一年用坏一把刀的时期，但他没有放弃，而是坚持着宰牛宰牛再宰牛，庖丁的成功之路，就是一把把用坏的牛刀堆积起来的。

有个段子，说有一个人问大师：“成功对于我们普通人来说是否很遥远？”

大师说：“并非如此。成功对于每个人都只需要两步。”

“哪两步呢？”

大师说道：“一步开始，一步坚持，就会功到自然成。”开始可能并不难，难的就在于坚持。

坚持只有两个字，但要做到实在不容易。在成为一个专业大牛的道路上，实在有着太多放弃的理由：苦苦训练却总是冒不出来的时候，可能会放弃；遇上职业瓶颈无法突破的时候，可能会放弃；一个人做事没人理解、倍感寂寞的时候，可能会放弃；小有成就志满意得的时候，可能会放弃；外界诱惑太多的时候，可能会放弃。这就是为什么想做专业大牛的人很多，成功的却很少的原因——坚持太难。

因此，想要在专业领域有所作为的话，就必须得像庖丁这样，用坏一把刀，再换一把刀，一条道走到黑。也许当你坚持再坚持，每个人都觉得你没有希望的时候，希望就来了。

三是始终不满足。庖丁解牛，当他“所见无全牛”，眼中只是一堆牛的筋骨肌肉的时候，已经是名副其实的大师了，但他还不满足，还要精益求精。等到闭上眼睛也能知道牛的筋脉骨骼在哪里，只需要跟着感觉走的时候，他已经是大师中的大师了。但他还是不敢掉以轻心，当“解牛”解到筋骨交错的复杂敏感位置时，仍是如临深渊、如履薄冰。正是这种追求完美和极致的心态，庖丁确保了宰牛技艺日日新，工作零差错。

所谓“不逼自己一把，永远不知道自己有多优秀”，很多时候，能手与专家、专家与大师之间的差别，就在于这种“逼自己一把”的心态。我们要在专业的路上越走越远，就必须永不满足，始终逼着自己把品质从 99% 提高到 99.99%，这样，你也能比别人从领先 99% 到领先 99.99%，成为专业大牛。

现在我们不妨来总结一下。一个人的职业生涯，大致可分为三个阶段。

第一个阶段是探索期。初入职场，通过不断的比较、选择来找准职业方向和定位，这时候，需要的是“始终只做一件事”，为自己确定职业航标。

第二个阶段是积累期，慢慢地在某一职业领域拥有一技之长，这时候，需要的是“始终不放弃”，决不能因为艰难、因为浮躁、因为名利、因为寂寞而轻易放弃。

第三个阶段是成熟期，在某一专业领域内已经是功成名就了，即使吃吃老本也没有问题了，这时候，需要的是“始终不满足”，再逼自己一把，使自己从优秀成为卓越。用一句古话来说，这就叫“不忘初心，方得始终”。

经典职场论语

大道以多歧亡羊，学者以多方丧生。——《列子·说符》

专注和简单一直是我的秘诀之一。简单可能比复杂更难做到：你必须努力理清思路，从而使其变得简单。但最终这是值得的，因为一旦你做到了，便可以创造奇迹。——史蒂夫·乔布斯

没有专注力的人生，就仿佛大睁着双眼却什么也看不见。——村上春树

起点差其实并不可怕，一直坚持到最后的人总会胜利的，因为绝大多数人跑到中间就会因为各种各样的事情放弃了奔跑。

捌

NO. 8

工作中的“七年之痒”怎么办？

范蠡转型升级“弯道超车”

有个词，叫“七年之痒”，说的是婚姻进入到第七个年头，就会进入一段危险时期，一个处理不当，感情就会急转直下。其实职场上也有个“七年之痒”，这也是必然会遭遇的瓶颈。

在一个单位做了七八年后，工作的激情渐渐消退，发展的空间已经到了天花板，新人们正虎视眈眈地盯着你的位置，上司对你似乎不再那么赏识，更可怕的是，这个行业正慢慢地走向夕阳。这时候，一个念头不由自主地冒了出来：要不要换个事做做？要不要换家公司试试？决心却总是很难下，虽说是树挪死人挪活，但鸡飞蛋打也不是没有可能，于是，患得患失、进退维谷，心里就很纠结。

我有个朋友，学的是平面设计，先是在一家广告设计公司工作，做了十年后，渐渐地有点力不从心了。设计这玩意，要有灵感，要有激情，要紧跟潮流，这对一个“奔四”的人来说，已经勉为

其难了，更何况还经常要熬夜，身体也有点跟不上。

于是，他就换到了一家出版社做美术设计，出版社很需要像他这样有专业经验，性格沉稳，有一定社会阅历的人，做事得心应手。但五六年后，出版行业的市场开放度越来越高，这个传统的出版社有点跟不上趟了。恰好这段时间，他在一个朋友的培训机构里帮忙，对这一块市场比较了解，感到很有做头。于是在做了半年的准备后，与人搞了一个美术设计的培训学校。他做过设计，有实战经验，做过教师，知道学生需要什么，做过出版，积累了不少人脉，一下子就做得风生水起。

回过头来看看，当年广告公司做设计的同事，现在已经沦落到为年轻人打杂了，出版社的同事呢，做得倒也还不错，但收入比他差了不止一个数量级。他庆幸地跟我说，亏得我及时转身啊。

一个人能保证自己始终努力，但无法保证自己所处的行业不走向没落。所谓“时来天地皆同力，运去英雄不自由”，如果做的这一行处于衰落期，工作就如同逆水行舟，事倍功半，年龄一大，精力不济，眼见一年不如一年了。

前些时中兴通讯 42 岁的员工欧某，在被辞退后，走投无路，跳楼自尽，虽是一个特例，但也可见人到中年职业生涯之不易。因此，当行业或者个人发展面临职业瓶颈时，怎样来个华丽转身，另外开辟新天地，是每个职场人都要掌握的一门技能。

上面说到的这位朋友漂亮地实现了转型升级、弯道超车，但同时，转型不升级、弯道就翻车的事也有很多，转型这件事，其实也是很不容易的。今人如此，古人也如此，2500 年前，有一个人就给我们做了一个漂亮的示范，他就是范蠡。

范蠡生活在春秋末期，跟孔子差不多同一个时代。他出生于楚国的宛地（现河南南阳），跟诸葛亮是同乡。他既有孔子的政治家眼光，也有诸葛亮的军事谋略。

范蠡出身贫寒，但他聪明好学，才华横溢。当时天下大乱，各国之间为了争夺霸权，频频开战。

范蠡 20 岁时，准备出山大干一场，就开始了他的职业规划。他和好友文种商量了好久，最后决定去投奔南方的小国越国。为什么不在楚国做公务员，要舍近求远去越国呢，范蠡是有他的想法的。楚国是大国、强国，已经形成了比较成熟的政治制度，加上人才也多，像范蠡这样的平民阶层，只能按部就班，慢慢往上爬，要位至公卿，不知要到猴年马月。而越国虽眼下是小国弱国，国王勾践却有着雄心壮志，一心要称霸天下，所以他用人就很大胆，只要有本事，立即就加以重用，根本就没有讲地位讲出身讲台阶那一套繁文缛节。

果然，范蠡和文种到了越国，见了越王勾践，一番谈论下来，勾践大喜，立即让两人为谋主，为他出谋划策。然而不久，年少气盛的勾践，不顾范蠡的劝阻，强行与邻国吴国开战。吴强越弱，越国一败涂地，面临着灭国的危险。

这时候，范蠡力劝勾践投降，只要保留越国的一线生机，什么条件都可以答应。越国把天下最漂亮的美女西施献给吴王，并用大量的金银珠宝贿赂吴国大臣，终于让吴王夫差接受了越国的投降。勾践带了老婆孩子外加范蠡为首的三百官吏到吴国做人质，相当于整个越国政府都成为吴王夫差的家奴。

越国君臣在吴国，表面上对吴王恭恭敬敬，暗地里却一心谋划着复仇，这就是历史上有名的“卧薪尝胆”的故事。范蠡“扮猪吃老虎”的战术取得了很大的成功，吴王渐渐放松了对勾践的警惕，把他放回了越国。回到越国后，在范蠡与文种的谋划下，越国开始了“十年生聚，十年教训”（“生聚”是指发展生产，积聚力量，“教训”是指教育民众、训练军队）这样长达二十年的复仇进程。同时，还想方设法让吴国大兴土木，铺张浪费，放松军备，重用奸臣。

公元前479年，勾践乘吴王夫差北上与晋、鲁会盟之机，发兵攻吴，大败吴国。四年后，吴国都城姑苏被攻破，夫差自杀，吴国就此灭亡。越国不但报仇雪耻，还一举成为当世的强国。勾践、范蠡这一对君臣，其权力和声誉都达到了顶点。

站在事业的最高峰，范蠡却在考虑转型了。因为他看到，吴越争霸已经结束，越国的大政方针也开始从一心要打赢战争到向强国富民转型，国家要转型，自己当然也要转型。同时，他与老板勾践的关系也到了一个转折点，开始有点微妙起来。

范蠡的计谋，能把一个强大的吴国搞垮，能把一个不可一世的吴王夫差搞得找不着北，这样的人，实在太可怕了。以前是为了打败吴国，必须要用范蠡，现在吴国灭亡了，范蠡不就成了身边的一个“定时炸弹”吗？勾践能放心吗？而对范蠡自己来说，他才华盖世，有许多的本领还没有完全施展，现在没仗打了，他要开辟另一个战场，再次实现自己的价值。

所谓“计然之策七，越用其五而得意。既已施于国，吾欲用之家”（《史记·货殖列传》），他要发家致富了。于是范蠡潇洒地挥一挥衣袖，不带走一片云彩，带着西施，悄悄地离开了越国。

范蠡离开越国后，来到齐国，化名鸱夷子皮，开荒种地，并引海水煮盐，不几年光景，就成为当地一名巨富，甚至传闻齐国国库的资产，也没有范蠡家的多。

后来他散尽家财，又来到宋国的陶邑（今山东定陶西北），看到这里交通发达，是做买卖的好地方。他就定居下来，因地制宜，做起了商贸生意。范蠡采取了“人弃我取、人取我予”“顺其自然、待机而动”“贵出贱取、薄利多销”等营销策略，大获成功。几年的工夫，又一次创造出了奇迹，靠商业经营积累了亿万家财，成了天下的大富翁，人称“陶朱公”。到了后来，陶朱公这个词，就成了大富翁的代名词。范蠡也成为后世商人供奉的偶像,称之为“商圣”。

用现在的话来说，范蠡不折不扣是个“人生大赢家”，几乎满足了男人的所有梦想。

政治上，他兴一国灭一国。在经济上，他长袖善舞、富可敌国。生活上，功成身退，与西施泛舟五湖，既潇洒又浪漫。连写《史记》的司马迁，也对范蠡十分佩服，说范蠡“三迁皆有荣名”，就是说，三次转型，都取得了极大的成功。范蠡的转型升级，可以给我们今天的职业转型许多的启迪，我觉得，至少有这么三句话。

第一句是“识时务为俊杰”。古人有句话，叫作“时移世易，变法宜矣”，时代变了，世道变了，你就要跟着变，这就叫识时务为俊杰，这就叫与时俱进。所以我们在自己的职业生涯中，不但要埋头拉车，同时也要抬头看路，分析行业的发展趋势，看清自己的发展空间，及早做出谋划。

比如范蠡吧，他在越王勾践灭吴国时，就意识到他在越国的事业已达到了顶点，再往后就只能往下走了。所谓花无百日红，没有一种职业是可以长盛不衰永远风光的，最为鼎盛的时候，往往就是衰落的开始。如果陶醉其中，洞察不到盛极而衰的迹象，那么就像温水煮青蛙，一旦危险临头，才发觉自己已经失去了跳出去的能力。

当年范蠡离开越国时，极力劝说文种跟他一起走，说："飞鸟尽，良弓藏；狡兔死，走狗烹。"但文种却根本就没有转型的概念，他觉得可以躺在功劳簿上睡大觉，一劳永逸，从此可以高枕无忧了。但他没有想到，他这样的人，在打仗时是个不可多得的人才，胜利后却是个人见人怕的麻烦。果然，不久以后，勾践就找个借口把文种给杀了。文种之死，就在于他只看到眼前的利益，没有看到发展的趋势。

第二句是"千金在手，不如一技傍身"。就是说，你眼前做得再好，不如拥有一种能力。拥有什么能力？那就是"可迁移能力"。这是美国作家劳拉·布朗提出的一个概念。一个人的能力，可以分为两种，一种是跟工作密切结合的，一旦没有了这个工作，这种能力也就没用了。

比如20世纪80年代，维修收音机录音机是很值得自豪的技能，但现在有了电脑，这种技能还有什么意义呢？还有一种能力，是跟一个人的素质密切结合的，能够从一份工作中转移运用到另一份工作中，可以用来完成许多类型工作的技能，这就是"可迁移能力"。你人走到哪里，这种能力就能跟到哪里，谁都动不了，是你的能力"不动产"。比如思考问题的能力、与人沟通的能力、学习知识整合知识的能力、带领团队的能力，这种能力到哪个行业、哪个岗位都能发挥作用。转型无非是以相同的能力做不同的事情而已，本质上是平滑过渡。

范蠡为什么能迅速从一个谋臣转型为一个商人，就是他能够深刻地洞察人心，知道人们追求什么需要什么，也在于他有着见微知著的眼光，能够预见到下一步会发生什么，更在于他掌握了人性的弱点，知道怎么去投其所好。有了这样的能力，打仗当然是战无不胜，做生意，自然也是手到擒来。

张泉灵以前是央视知名节目主持人，转行到投资界，以她卓越的沟通能力，一两年时间，就成了一名优秀的投资人。大前研一是核物理学博士出身，他把搞科研的严谨与逻辑用在企业管理上，成了日本著名的管理学家、经济评论家。

现在是互联网时代，要掌握单纯的知识可能并不是太难，需要加强提升自己的，就是这种“可迁移能力”。有了这种能力，转型就有了底气。

第三句话是“步子别太快，小心掉沟里”。看看我们的周围，转型成功的固然不少，转型失败的其实也有很多，而失败的原因，往往就是步子迈得太大太快了，在没有任何准备的情况下投入到一个完全陌生的领域，完全找不到北，于是就想再转一次，结果只能是恶性循环。

所以转型，步子既不能太大，也不要太快。所谓“不太大”，就是转型是建立在现有知识和能力基础上的。或者和行业有关联，比如前面说到的朋友，从做平面设计到美术出版，从美术出版到美术设计培训。或者是自己的长期爱好，我认识一个朋友，很喜欢健身，一来二去，觉得做健身教练也不错，就辞职做起了健身教练。

所谓“不太快”，就是在考虑转型时，要一点一点逐步探索，就像摸着石头过河。因为隔行如隔山，有许多门道不深入其中是永远无法了解的。而决心转型后，要分步、分时地去实施，做好充分的准备，包括心理和心态的准备，知识结构的准备，专业技能的准备，人际关系的准备等，一步一个脚印，确保转型成功。

说句笑话，转型就像再婚，离婚后再结婚，要是再一次失败，就意味着以后即使再多结几次婚，也可能是一次比一次更糟糕。所以转型是一件不成功便成仁的事，只能成功，不能失败。

我们生活在一个变革的时代，一切都在变化，唯有变化才是不变的，“当时代扔掉你的时候，连一声再见都不会跟你说”。在这样的时代，我们改变不了世界，也很难改变他人，唯一能做的，就是竭尽所能，改变自己。

经典职场论语

生活就像骑自行车，只有不断前进，才能保持平衡。——阿尔伯特·爱因斯坦

当没有人逼迫你的时候，请自己逼迫自己，因为真正的改变是自己想改变。——沃伦·巴菲特

让我们变得越来越好的，是我们自己不断进阶的才华、修养、品行以及不断地反思和修正。

往高走是跳槽，往低走是被扫地出门。跳槽人人高看你，包括旧公司的人；往低走人人低看你，包括新公司的人。

现代人往往搞不懂“没能力”和“想要”之间的区别。没能力和老板讨价还价，就想要安分守己。没能力跳槽，就想要忠诚。

玖

NO.9

如何不让心情影响工作？

司马懿教你做情绪的主人

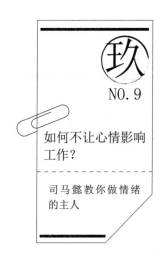

心理学上有一个“费斯汀格法则”，这是由美国社会心理学家费斯汀格（Festinger）提出来的。这个法则的内容是：生活中的10％是由发生在你身上的事情组成，而另外的90％则是由你对所发生的事情如何反应所决定的。

这话听起来比较拗口，费斯汀格就用一个故事来说明。

有一个叫卡斯丁的人，早上起床洗脸刷牙时，随手把手表放在了洗漱台上。这手表很高档，他妻子看到了，就收起来，放在了餐桌上。他们的小儿子吃饭时，不小心把这手表碰到地上，摔坏了。这可是一块高档手表，卡斯丁恼怒之下，打了儿子一巴掌，又骂了妻子几句。妻子说，我是好心哪，怕把手表打湿了。卡斯丁说，你懂个啥，这手表是防水的。两人越吵越凶。卡斯丁气得早餐也不吃，直接开车就上班了。

快到公司时，才发觉竟然把公文包给忘了，马上掉头回家。

到了家门口，又发觉家里的钥匙是放在公文包里的。他马上打电话给妻子，妻子匆匆忙忙回家，不小心撞翻了路边的水果摊，水果摊老板拉住她，一定要她赔钱才了事。等到妻子回家，卡斯丁拿到公文包，开车到公司，已是迟到了15分钟。被老板说了几句，心里很窝火。刚好有个同事在工作上与他起了争执，卡斯丁与这同事大吵一架，把一件小事变成了大事。而他的妻子因上班中途溜出来，被扣了奖金。儿子挨了打，很不开心，在学校的棒球比赛中，第一局就被淘汰了。

回过头捋一下这件事。手表摔坏是其中的10%，后面一系列事情就是90%。摔坏手表，这是“发生在自己身上的事情”，至于后面的种种闹心的事，其实并不是由摔坏手表引起的，而是由卡斯丁对“摔坏手表”这件事的反应所引起的。

假如卡斯丁对儿子说，没事，我拿去修修就好了，以后当心点。那么，他与妻子就不会吵架，也不会因恼火而忘了公文包，他妻子也不会上班当中回家，更不会撞翻水果摊，他也不会迟到，跟同事也不会吵架，儿子说不定就能赢得比赛。

摔坏手表这10%，是自己没法控制的，但后面的90%，却是完全可以由自己来决定的。“费斯汀格法则”就是告诉我们：要掌控好自己的90%。

我们常说，职场要看3Q。这3Q，就是IQ、EQ、AQ，即智商、情商和逆商，这三个商数里面，智商是基础，逆商很难得，最重要的其实是情商。因为职场中人基本上都接受过高等教育，智商相差不会太大，所以，到最后比拼的主要还是情商，而对自己情绪的管理能力，就是情商的一个最为重要的方面。

其实看看我们的周围就知道，那些晋升得最快的，往往不是智商最高的,而恰恰是情商起到了关键作用。哈佛大学一项研究显示,成功、成就、升迁等原因的85%，是因为正确的情绪，而仅有15%是由于专业技术。在实际工作中，人们往往把85%以上的时间来学习专业技术,而花很少的时间来训练自己的情绪管理。也就是说,我们花85%的成本来学习15%的成功机会,而在85%的成功机会上,只花了15%的成本。这就是我们大多数人一直在犯的"投资"错误!

但问题在于，人都是吃五谷杂粮长大的，都是有脾气的，情绪上来了，那真是压也压不住。所以，掌控情绪，说起来简单，真正能做到位的，其实很少。而一旦你做了情绪的主人，那就离成功不远了。这里不妨说上两个古人的故事。

第一个叫曹咎，当年楚汉相争时可是项羽手下的大将。汉高祖四年（公元前203年），楚汉对峙于战略要地成皋一线。据守成皋的就是这个楚大司马——海春侯曹咎。当时项羽率军东击汉将彭越,临行前对曹咎说:"谨守成皋,则汉军挑战,慎勿与战,毋令得东而已,我十五日必诛彭越，定梁地，复从将军。"项羽走后，曹咎果然高挂"免战牌"，来个乌龟不出头。这成皋易守难攻，汉军久攻不下。

要攻下成皋，唯一的办法是把曹咎引出城外。但曹咎又不是傻瓜，无缘无故怎么会主动出击？刘邦无奈之下，想出了一条计策,叫人在成皋城下搭了一个高台,挑了一批身体壮嗓门大的士兵,每天在台上翻来覆去、变着花样辱骂曹咎。这招放到现在也许没用,但秦汉之际,人的道德观、荣誉感极强,刘邦的做法看似无赖,其实也是抓住了楚军的痛处。曹咎开始倒也忍着，后来见汉军连骂五六天，越骂越难听，明知是计，也再也忍受不了，大开城门，率军渡汜水迎击汉军。

刘邦见"激将法"奏效，便以"半渡击之"的战法，在楚军渡汜水时出击，大破曹咎于河中。曹咎悔恨交加，在汜水边自刎而死。就这样，曹咎因自己的一时冲动，丢了性命也丢了一大战略要地。

这成皋之战，是楚汉战争中具有战略意义的一仗，曹咎以这样一种方式丢失了一座重城，现在看来似乎有点不可思议，但正如一句话所说，冲动是魔鬼。曹咎就是让这个魔鬼上了身。

所以，让冲动这个魔鬼远离自身的，那肯定是有着很强的自控力，这样的人，往往能做成一番大事业。比如三国时的魏国大军师司马懿就是这样的一个人。

魏国青龙二年（公元 234 年），诸葛亮率领十万大军，六出祁山，开始了最后一次北伐。司马懿率魏军与诸葛亮对峙于五丈原。诸葛亮足智多谋，打起仗来谁都不在话下，碰到司马懿却是棋逢对手，两人连战数场，各有胜负。当时的情形，诸葛亮从四川长途跋涉来到中原，粮草都是从千里以外的后方运来，当然要速战速决。而司马懿呢针锋相对，制定了“坚壁拒守，以逸待劳”的方针，不管蜀军如何挑战，就是坚守不出，他的意图很明确，等到蜀军粮草接济不上，必然退兵，此时以魏国休养多时的精锐之师，追击兵疲师老的蜀军，就有了获胜的机会。

诸葛亮当然也知道这点，无奈之下，就想从情绪上想办法。他派人送给司马懿一套女人服饰，并附上一信说：“你司马懿也算是个有名的人物，浩浩荡荡带着精兵强将，却不像个男子汉堂堂正正打一仗，而是做缩头乌龟，看来是怕了我诸葛亮了。我看你，不如做个女人，回家抱娃娃去吧。”诸葛亮接着说，“这样吧，我送你一套女人衣服，你要还是个男人，我们就打上一仗。你要是甘心做女人呢，就把这套女人衣服穿上吧。”

在当时，拿女人来比，可以说是极大的羞辱。司马懿对诸葛亮的“激将法”一眼看穿，他不仅不生气，还欣然接受了诸葛亮送来的女人的衣服，并好好地款待了来送衣服和信的人。不但如此，他还像聊家常似的，问派来的人，诸葛亮每天做些什么啦，吃得多不多之类。当他知道诸葛亮每天劳心劳力，吃得却很少时，知道诸葛亮肯定熬不了太久，心里就更笃定了。

就这样，司马懿熬垮了诸葛亮。在相持了一百多日后，蜀军无奈退兵，而诸葛亮更由于积劳成疾，病死在五丈原。此战也成为司马懿一生中的经典战役之一。

曹爽为什么会兵败身死，司马懿为什么能打败诸葛亮，就在于曹爽做了情绪的奴隶，被情绪控制，而司马懿做了情绪的主人，掌控了情绪。说起来，司马懿真是掌控情绪的高手，他在曹操、曹丕、曹叡三代皇帝的眼皮底下，把自己篡位的野心收敛起来，不动声色地搞阴谋诡计，最后把曹家的天下夺了过来，靠的就是这份掌控情绪的本事。

那么，怎样才能做情绪的主人呢？从司马懿的故事里，我们可以有三点启发。

一个是正面化解。司马懿为什么欣然接受诸葛亮送的女人服装，不是他头脑迟钝，而是他胸怀宽广。他清楚自己是个做大事的人，是个要征服天下的人。对一个以天下为己任的人来说，小小的一点羞辱又有什么了不起呢？跟打赢一场战争相比，穿一穿女人衣服又算得了什么呢？

所以说，掌控情绪，并不是说情绪来了强压下去，这往往会适得其反，而是要以积极的思维方式看待问题，使消极的情绪转化为积极的情绪。这就要给自己树立远大的目标，目标远大眼光自然也长远，遇上事情就不会斤斤计较，小家子气。既然自我定位是个做大事的人，就不能花太多时间精力在这些不足道的小事上面。

比如说，我以后的目标是要做老总的，眼下何必跟同事争这一口气呢？何必为这件小事吵个不停呢？让让他，不是对我自己更有好处吗？所以掌握情绪，关键还在于提高自己的修养，修炼自己的格局，拓宽自己的心胸。把一颗易碎的玻璃心扔掉，换上一颗大海一样的心，这就叫“牢骚太盛防肠断，风物长宜放眼量”。

第二个是侧面消解。当自己心情糟糕的时候，就要想办法把这种坏情绪转移到其他的事情当中。比如司马懿受到诸葛亮嘲笑的时候，他自己当然没问题，但手下的将军们受不了这个刺激，纷纷要求跟蜀军打上一仗。这时候，司马懿就说，这事实在太重大了，我要向皇帝请示。于是他派人千里迢迢到洛阳向魏明帝请战，魏明帝心知肚明，下令不许出战。使者再千里迢迢地赶回来传达皇帝命令。这样一来一回，十几天过去了，大家的气也消得差不多了。

当然，我们现在找不到皇帝去请示该不该生气，但侧面转移的办法其实也很多，比如可以给自己放个小假期，到风景名胜旅游一次，接近一下大自然，让自己身心感觉轻松，这样情绪就自然平静了。其实坏情绪往往是一时的事，等到事情一过，回过头来想想，自己也会觉得，为这样的破事大动肝火，其实挺不值的。

第三个是对面理解。人生气，往往是觉得对方不该如此，实在是毫无道理。殊不知，你这样想对方，对方也是这样想你的，这样双方自然是愈演愈烈。这时候，就需要从对方的角度和立场来想一想：为什么他会如此？

司马懿为什么甘心做一回女人，就是他从诸葛亮的角度来考虑问题，他知道诸葛亮是什么用心，知道诸葛亮最希望自己有什么样的反应。好，你要我这样，我偏偏不这样，不中你的计，就是我的成功。我们平日与人沟通合作，所以会产生矛盾，脑子里想的是，他怎么能这样做呢？怎么一点也不考虑我的困难呢？于是情绪越来越激动。这时，如果你设身处地，站在他的立场来看，很多时候就会发现，他真不是故意为难你或者与你作对，他也有他的想法，有他的难处。

有时你向领导提交一个方案，领导说，这个价值不大嘛。你会很气愤，这么完美的方案，他怎么就不认可？是傻呀还是故意打压我？这时就需要站在领导的立场，来分析这个方案的利与弊，可能就会发现一些自己以前所忽视的问题。在这样的基础上，再进一步的沟通，就会顺利得多，至少会消除许多无谓的矛盾。

古往今来，评价一个人是否能成大器、做大事，除了品德、能力以外，还有一个标准就是修养。而不受情绪所左右，理性冷静，心平气和，就是修养的体现。情绪控制得当，正是一个人有主见，有头脑，不与世沉浮，不随人俯仰，不屈从形势的表现。“猝然临之而不惊，无故加之而不怒”，便是这种修养的最高境界。

经典职场论语

你无法改变天气，却可以改变心情；你无法控制别人，但能够掌握自己。

保持一种不屈不挠力争胜利的信心和态度，实为做人之本，成功之本。——亚伯拉罕·林肯

君子有三戒：少之时，血气未定，戒之在色；及其壮也，血气方刚，戒之在斗；及其老也，血气既衰，戒之在得。——《论语·季氏》

君子之所取者远，则必有所待；所就者大，则必有所忍。——《贾谊论》

拾

NO.10

你是办公室“草莓族”吗？

看苏东坡如何提升“逆商”

前不久看到一个统计资料，说是在中国，每年自杀的年轻人有25万之多。这25万自杀者之中，有许多是年轻有为的青年才俊，而他们自杀的原因，往往是常人看来没什么了不起的事。因为一个不是很大的挫折，而放弃原本应该很光明的前途甚至结束自己的生命，这无论如何是一件很愚蠢的事。

对此，作家余华有一句话说得很到位：“这就叫扛不住事儿！”确实，扛不扛得住事，在一个人发展的关键时刻，往往会起到决定性的作用。扛得住，前面就是艳阳天，扛不住，就此跌进无尽深渊。

说起来，人这一生，或多或少，或大或小，总会遭遇困难，遭遇逆境。有句话，大家都听过，叫作“人生不如意事常八九，可与人言无一二”。人生中十之八九是不如意的事，还没法跟人家说，可见受委屈、不舒心，也算是人生的“新常态”。

遇到了不如意事、遭遇了挫折怎么办？这是职场中必定要过的一关，但很多人往往就倒在了这一关上。也许你没有见过因为挫折而自杀的，但你身边一定有这样的人：他们因为一点小事不如意结果从此一蹶不振。

我有一个朋友的女儿，名校毕业，长得漂亮，家庭条件优越，从小到大一直顺风顺水，进了公司工作，也是业绩优秀，前程看好。但有一次，不知怎么回事，领导找她谈话了，要她注意工作纪律，尊重部门领导，话说得也不是太重，但批评的意思还是很明显的。

事后知道，这是有人嫉妒她而在领导面前打小报告。但她受了这莫名其妙的批评以后，小姐脾气就上来了。不是说我不注意工作纪律吗？好，我就不遵守纪律给你看看。不是说我不尊重部门主任吗？这主任我还真瞧他不上，本来是藏在心里的，现在也不用遮遮掩掩了，就把这瞧不起写在脸上。大不了再找一家公司，你们离了我这业务尖子，损失大不大？

以后的事情就可想而知了，同事抱怨、领导不满、业绩大幅下滑，自己的心情更是一团糟，最后不得不离职了事。那位批评她的领导说，我当时确实偏听偏信了，但事实证明，我的批评没错，她就是这样的一个人。

回过头来想想，为一次不咸不淡的批评，自己跟自己赌气，搞得工作也没有了，是不是脑子进水了？但身在职场就知道，这话说说容易做起来难，有时候这一口气，还真是没法咽下去。

职场中有个词叫“草莓族”，就是指一些白领，他们外表光鲜亮丽，实际上却是一碰就碎。可见经不起挫折的并不是少数。所以，提高自己应对挫折、应对逆境的能力，课程就是我们常说的提高自己的“逆商”，是每个职场人都必须要修炼的课程。生物学上有一个著名的判断，就是那些能够幸存下来的物种，不是最强的，却是最能够适应变化的。

其实，人类也是如此，一个人如果抗击打能力强，能吃得了苦，能够坚持下去，能从挫折中升华，最后慢慢地就会成长为一个了不起的人。这方面，大文豪苏东坡给我们树立了一个好榜样。

苏东坡放在现在，绝对是世人敬仰、人人羡慕的人生大赢家，但在当年，苏东坡的一生实在经历了太多的坎坷，太多的挫折。苏东坡说自己是“时乖运蹇，忧谗畏讥，流离颠沛，疲于奔命”。

他 21 岁赴京参加科举考试，取得第二名的好成绩，26 岁在皇帝亲自主持的殿试中得了第一名。可谓才华横溢，诗文天下闻名，锦绣前程似乎唾手可得。但苏东坡进入政坛后，却迭遭打击。他从政 40 余年，被贬逐就有 12 年，基本上是在地方上做一些小官，还有一次被打入大狱，两次险些丧命。

但苏东坡的伟大之处，就在于他面对挫折甚至灾难，始终保持了冷静旷达、乐观向上的人生态度。苏东坡的诗文之所以能够流传千古，不仅在于文采斐然，艺术精湛，还由于充满了乐观向上的正能量。所以如果你是一个多愁善感的人，不妨多读读苏东坡的诗文，不仅能欣赏他的文学艺术，还可以接受心理疏导。

举个例子来说，苏东坡最有名的词之一是《水调歌头·明月几时有》。写这首词的时候，正是苏东坡遭受挫折的最艰难的关头。他京官做得好好的，受人诬陷，先是被贬到了杭州，接着又被贬到了山东的密州。心里很委屈，也很郁闷，到了中秋节那天，身边一个亲人也没有，只好一个人喝闷酒，一夜喝到天明，以至大醉。

但在这样的时候，苏东坡没有自怨自艾，也没有放任自己的情绪，他还是能积极面对现实，十分理智地思考问题。他写道“人有悲欢离合，月有阴晴圆缺，此事古难全”，谁没有一点不顺心的事呢？世界上的事情总是不可能尽善尽美、尽如人愿，还是要直面现实，接受现实。他接着又说“但愿人长久，千里共婵娟”，我受了委屈不要紧，但愿自己的家人以至世人能够幸福平安，这就是苏东坡宽阔的胸怀和坦荡豁达的人生态度。

苏东坡的诗词为什么千百年一直传诵，就是因为这样的人生境界。

苏东坡值得称道的还有一件事，北宋元丰二年（公元 1079 年），他正在湖州做太守，被人诬陷，说他写的诗里诽谤朝廷，这在当时是杀头的罪名。苏东坡就被逮捕进京，关进大狱，接受审讯，这就是有名的“乌台诗案”。

苏东坡当时心灰意冷到了极点，曾经想跳江自杀，但最后还是坚持了下来，他相信自己的冤案一定能平反。到了监狱后，因为不能跟家人说话，他跟儿子苏迈约定，每天送饭菜来，不要送鱼，要是打听到被判了死罪，就送一条鱼来，让自己有个心理准备。

苏迈送了一段时间后，一次临时有事，托一个朋友代送。这朋友一直敬仰苏东坡，就特意买了一条鲜鱼做好送来。苏东坡一看，悲从中来，这回要被杀头了。但他即使到了这时，也没有发疯甚至失常，只是写了两首绝命诗，一首写给他的弟弟，还有一首是写给他的妻子和儿女，交代后事。当然“送鱼”是误会，但苏东坡此时也确是生死一线。

皇帝宋神宗心下一直在犹豫，到底要不要杀苏东坡。最后想想还是不能听苏东坡政敌的一面之词，还得搞一次“调查研究”。皇帝当然不可能亲自查案，宋神宗就派了一个亲信的太监假装犯人，来监狱看看苏东坡到底怎么样。这个扮作犯人的太监来到苏东坡的牢房，苏东坡当然不知他是什么来头，也懒得理他。到了晚上，苏东坡自顾自睡了。一睡下去，不一会儿就鼾声如雷，睡得很香。到了天亮，那太监把苏东坡推醒，说了一声“恭喜学士”，就走了。

这太监回去对宋神宗汇报说，苏东坡一觉睡到大天亮，说明这人心地坦荡，心里没鬼，这样的人，怎么可能诽谤朝政、诽谤皇帝呢？宋神宗听了，深以为然，就把苏东坡放了。

所以说，一个呼噜，救了苏东坡的命，要是苏东坡不打这个呼噜，我们今天就读不到那么好的诗文，连东坡肉也吃不上。这不是说笑话，我的意思是，心理豁达，用余华的话来说，扛得住事，这样的人，往往能在事业上取得成功。

如果分析一下职场上的成功人士，就会发现，他们每个人，抗打击的能力都很强，也就是说，逆商都很高。在遭遇困境时，他们总是能够保持较好的精神状态，自信自己可以从头再来，对于未来有着积极的态度。当身边的人因为扛不住打击而一个个倒下后，逆商高的人，就成了笑到最后的成功者。

那么，怎样提升自己的“逆商”呢？其实也不是太难，有三句大白话。

第一句话是，没什么大不了，就是说，不要放大挫折。很多人都会有这样的感受，遭受打击时，简直感觉天都塌下来了，感觉没法做人，感觉从此大家都要鄙视我了。但事过境迁，再回过头来看一看，其实也不是什么了不起的事，周围的人也都在忙自己的事，对你的遭遇似乎也不是太感兴趣，自己表现得要死要活的，简直是“自作多情”。

实际上，很多时候受不了打击，不是这打击本身有多大，而是你自己把它放大了。因此，遭受打击挫折时，一定要冷静理性，看得淡一点，轻一点。比如苏东坡，“乌台诗案”后，虽然没被杀头，但也被贬到了黄州。这个时期，他写了一首著名的词，叫作《定风波·莫听穿林打叶声》，写的是与朋友一起出游，忽然遭遇了风雨，大家都很狼狈，苏东坡却是在风雨中泰然自若，缓步而行，他写道："回首向来萧瑟处，归去，也无风雨也无晴。”我们做人，就得像苏东坡这样，在风雨面前沉得住气，一蓑烟雨任平生，也无风雨也无晴。

第二句话，扛一扛就过去了，就是说，要学会忍耐。人生在世，免不了要遭受不公正的待遇，免不了要受委屈受窝囊气，这时候，就需要委曲求全，需要从长计议，把目光放长远，把痛苦咽下去、扛下来，等待机会。能不能忍耐，其实也是一个人的气度、一个人格局的体现。楚汉相争时，项羽在乌江兵败，他受不了失败，就自刎而死。

唐代诗人杜牧有一首名为《乌江》的诗："胜败兵家事不期，包羞忍耻是男儿。江东子弟多才俊，卷土重来未可知。”胜败乃是兵家常事，能够忍受失败的才是男子汉，如果项羽不自杀，逃回到江东，重整旗鼓，那么卷土重来也不是不可能。

司马迁在《报任安书》中有一段名言："文王拘而演周易；仲尼厄而作春秋；屈原放逐乃赋离骚；左丘失明厥有国语；孙子膑脚兵法修列；不韦迁蜀世传吕览；韩非囚秦说难孤愤；诗三百篇，大抵圣贤发愤之所为作也。”周文王、孔子、左丘明、孙膑、屈原等人，他们能做出伟大的事业，就在于他们在遭受不公正的打击后，不抛弃不放弃，坚定信心走自己的路。

第三句话，不一定是坏事，就是说，要从挫折中提升自己。古人云："艰难困苦，玉汝于成。”我们常说，苦难是人生的大学堂，也常说，吃得苦中苦，方为人上人。面对挫折，如果能从中吸取教训，就能增强克服困难、从挫折中成长的能力。

遭受挫折，你可以更明白地看清自己的问题，也可以更明白地看待身边的人和事。面对挫折，客观中立地看待自己，不要完全纵容，也不要一棍子打死，而是分析错误、解决问题。不要“自我放纵”，根本不在乎自己犯下的错误，也不要陷入“自我否定”，认为自己就是不行。这样的苦，才不会白吃，这样的挫折，才会成为自己的财富。经历一次挫折，脱一层旧皮，向前迈进一步。这就叫“不经历风雨，怎么见彩虹，没有人能随随便便成功。”

据说，一只鸟顺着风飞，它就可以飞得很轻松。如果一只鸟逆风而飞呢，它会飞得非常费劲，但风会把它推得很高，让它能够飞得更高，看得更远。职场其实也是这样，你就是那只小鸟，你要拥有更高更远的天空，就必须要提升自己的逆商，学会在逆风中飞扬。

经典职场论语

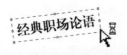

人生其实非常漫长，这世界永远比我们想象中更残酷，每个人都要经历大大小小无数的风浪。笑到最后的，才是笑得最好看的。

先相信你自己，别人才能相信你。——伊凡·屠格涅夫

苦难对于天才是垫脚石，对于能干的人是一笔财富，对于弱者则是一个万丈深渊。——奥诺雷·巴尔扎克

当你从蚂蚁变成大象的时候，你会发现当年横在你面前怎么也过不去的石头，不过是脚下的一粒沙。

只有经历过地狱般的折磨，才有征服天堂的力量；只有流过血的手指，才能弹出世间的绝唱。

《古人教你混职场》音频

出 品 人 | 朱家君
总 经 理 | 常蓦尘
总 编 辑 | 熊 嵩
特约策划 | 汪海英 方晓阳 谢梦冰
执行策划 | 郝临风
装帧设计 | 吴穆奕

执行总编 | 罗晓琴
设计总监 | 李 婕
产品经理 | 郭 昕
运营总监 | 蒋 雷
流程校对 | 郝临风 汤诗蕊 郭 昕
宣传营销 | 蒋 惊

总出品 漫娱文化

图书在版编目（CIP）数据

古人·职场／杨自强 著 .—武汉：长江出版社，2019.2
ISBN 978-7-5492-6320-2
Ⅰ. ①古… Ⅱ. ①杨… Ⅲ. ①中国历史－通俗读物 ②职业选择－通俗读物 Ⅳ. ①K209 ②C913.2-49
中国版本图书馆 CIP 数据核字（2019）第 035147 号

古人·职场 / 杨自强 著

出　　版　长江出版社
（武汉市解放大道1863号　邮政编码：430010）
市场发行　长江出版社发行部
网　　址　http://www.cjpress.com.cn
责任编辑　钟一丹　　开　　本　880mm×1230mm　1 / 32
装帧设计　吴穆奕　　印　　张　7.25
印　　刷　湖北新华印务有限公司　　字　　数　170千字
版　　次　2019年2月第1版　　书　　号　ISBN 978-7-5492-6320-2
印　　次　2019年3月第1次印刷　　定　　价　35.00元

电话：027-82926557(总编室)　027-82926806（市场营销部）